뇌과학과 심리학 연구로 검증

육아 효능감을 높이는
과학 육아
57

호시 도모히로 지음
신찬 옮김

21세기북스

'아이의 미래를 위해', '이것만 따라하세요' 등의 구호로 현혹시키는 육아법이 많습니다. 그런데 육아에 성공한 부모의 사례가 내 아이에게도 똑같이 효과적일까요?

이때 우리가 놓치는 것이 있습니다. 아이들은 제각각 다르다는 것이죠. 아무리 경험이 풍부하고 성공적인 육아를 한 부모의 경험담이어도 다른 아이에게는 맞지 않을 수 있어요.

미국 최고의 학교로 발돋움한 스탠퍼드 온라인 하이스쿨 교장인 저자는 시중에 널린 육아법에 의문을 제기합니다. 그리고 육아법이야말로 더 많은 사람에게 객관적으로 효과가 입증된 방법이어야 한다고 강조하죠.

『육아 효능감을 높이는 과학 육아 57』에는 최신 뇌과학과 심리학이 바탕이 된 육아법 중에서 가정이나 교육 현장에서 곧바로 실천할 수 있는 57가지 방법이 엄선되어 있습니다. 육아 때문에 힘든 분이라면 5장에 수록된 '육아 스트레스 진단표'를 통해 육아 스트레스 상태 및 해결책을 확인해보길 추천합니다.

— 방종임 편집장(유튜브 교육대기자TV 운영자 겸 교육전문기자)

'과학 육아, 팩트 육아'를 외치며 근거 있는 육아 지식을 5년간 탐색하면서 3,000편에 가까운 연구 논문을 읽었습니다. 육아를 막 시작한 초보 부모였던 저는 당시 육아와 관련해 인터넷에 떠도는 수많은 말과 거짓 정보들, 일반화된 주관적 경험담 등에 지쳐 있었기에, 아이를 잘 키울 수 있는 검증된 육아법을 찾고 싶었습니다. 완벽하진 않았지만, 과학은 수많은 설 사이에서 가장 확실한 길잡이가 되어줬습니다. 과학을 통해 저는 부모 역할에 자신감을 갖고, 주변 말에 휘둘리지 않으며, 아이에게 가장 좋은 것을 주고 있다는 믿음으로 행복한 하루하루를 보냅니다.

'과학'이나 '심리학', '뇌'라는 수식어가 붙은 육아서가 있으면 저는 걸음을 멈추고 꼭 읽어봅니다. 안타깝게도 그중에는 믿을 만한 지침서가 아닌 책도 꽤 있었습니다. 반면 『육아 효능감을 높이는 과학 육아 57』은 처음부터 끝까지, 제가 지난 5년간 공부해온 것들, 그중에서도 제가 정말 큰 깨달음을 얻었고 정말 중요하다고 여겨 육아에 최우선으로 적용하고 있는 핵심적 내용이 들어 있었습니다. 이런 중요한 사실들을 알고 있는 교육자가 운영하는 학교라면 내 아이를 보내고 싶다는 생각까지 들었습니다. 자율성을 지지하는 육아, 자율과 통제 사이의 균형, 감정 조절을 돕는 방법 등, 제가 운영하는 유튜브 '베싸TV'에서 심도 있는 리서치를 통해 알렸던 내용들이며 저희 가족의 삶을 바꾼 과학입니다. 양육자가 육아를 할 때 필요한 과학의 정수를 간결하게 알려주는 이 책을 읽고, 수많은 육아 정보 속에서 중심을 잡아, 보석처럼 단단한 육아 소신을 꼭 갖추시길 바랍니다.

— 박정은(유튜브 베싸TV 운영자, 『베싸육아』 저자)

우리 아이 훈육
검증된 '과학 육아'로 시작하기

그럴싸해 보이는 육아법의 비밀

"아이 미래를 위해서라면 이 방법이 가장 효과적입니다!"

육아로 고민스러운 나날을 보내고 있는데 이런 말을 들으면 누구나 혹하게 마련입니다. 하루가 다르게 변하는 AI 시대의 육아라면 더욱 그렇습니다. 하지만 조심해야 합니다. 무슨 일이든 근거가 중요하니까요. 다음 사례를 살펴봅시다.

우리 아이는 매일 아침 5시에 일어나도록 했습니다. 조금이라도 늦으면 아침밥을 주지 않았고, 6시까지 그날 배울 교과서를 읽게 했어요. 이렇게 해서 원하는 학교에 합격할 수 있었어요. 아침잠을 이겨내고 일찍 일어나서 인지 정신적으로도 강해진 것 같아요. 새벽 5시에 일어나서 하루를 시작하게 하는 교육법은 정말 효과적입니다. 아이의 미래를 생각한다면 꼭 시도해보세요.

이렇게까지 해야 할까 하는 생각에 외면해왔지만, 이런 내용으로 '새벽 5시 기상법'을 권유받았다고 가정해보지요. 아이의 정서 관리와 학교 성적 문제로 여러 방법을 시도했지만 지금까지 신통치 않은 결과만 얻었을 때, 이런 성공적인 자녀 교육 사례를 언급하는 광고를 보면 관심이 생길 수밖에 없습니다. '아이의 장래를 위해'라든가 '정말 효과적'이라는 말에 이끌려 우리 아이에게도 한번 시켜보고 싶다는 생각이 들지도 모릅니다.

하지만 이 말들은 주의해야 합니다.

잠시 생각해봅시다. 자녀 교육에 성공한 다른 이의 사례가 내 아이에게도 똑같이 효과적일까요? 아이들은 제각기 다릅니다. 원하는 학교에 합격한 것이 일찍 일어나 공부한 덕분인지는 알 수 없습니다. 원래 지닌 능력이나 가정환경, 또는 다른 공부법 등이 있어서 큰 영향을 미쳤을지도 모릅니다. 사실 일찍 일어나는 것이 공부의 효율을 떨어뜨릴 수 있다는 연구도 있습니다.[1] 즉 '새벽 5시 기상법'은 극히 한정된 사람의 체험만을 거론한 그릇된 방법일지도 모릅니다.

이런 수상한 광고가 아니더라도 세상에는 자기 체험에만 근거한 육아 정보가 셀 수 없이 많습니다. 경험이 풍부하고 성공적으로 아이를 키워낸 부모의 사례나 수십 년 동안 현장 경험을 쌓아온 교사의 사례라고 해도 다른 아이에게 적용했을 때 똑같은 효과가 있으리라는 법은 없습니다.

명문대 합격률이 높은 학교의 교육법을 따르면 누구나 명문대에 합격할 수 있을까요? 설사 지금까지의 사회 구조나 입시 제도 안에서 우연히 잘 통하던 방식이 있다고 해도 그것이 앞으로 변화무쌍한 시대를 살아갈 아이들에게 꼭 필요한 기술을 제공하는지는 미지수입니다.

따라서 인간의 뇌나 몸, 마음의 메커니즘에 근거해서

아이의 잠재력을 키워주는 방식이 필요합니다. '새벽 5시
기상법' 같이 개인적 체험이나 가정에 기반한 육아를 추
구하면 자녀를 망치고 맙니다. 명문대 진학이 목표인 입
시 방법을 익힌 아이들에게는 효과적일 수 있지만 다른
환경에서 자란 아이들에게는 오히려 역효과를 불러올
수도 있습니다.

육아법은 과학적 입증이 필수

그럼 어디에 근거를 둔 육아법을 찾아야 할까요? 바로
이 책의 주제이기도 한 '과학 육아'입니다.

　육아는 누구에게나 고민인 만큼 자녀의 성장이나 학
습, 심리상태, 부모 자식 관계 등 다양한 시점에서 과학
적 연구가 이루어져 왔습니다. 통계학, 사회학, 심리학,
최근에는 뇌과학 분야의 성과도 다수 소개되고 있습니
다. 요컨대 과학적 접근으로 몸과 마음의 잠재력을 최대
한으로 활용할 수 있는 육아법·학습법이 조금씩 밝혀지
고 있는 것입니다.

과학 육아야말로 변화를 거듭하는 AI 시대에 걸맞은 접근법이 아닐까요? 그리고 이런 연구 결과, 지금까지 개인의 체험이나 감상만을 근거로 그 효과를 주장하던 수상한 육아법 중에 그릇된 방법도 많다는 사실이 밝혀졌습니다. 그중에는 오히려 악영향을 미치는 육아법도 있었습니다. 자신과 주변 아이들에게 효과가 있는 듯해서 더 많은 아이에게도 적용해보았지만 기대한 효과를 얻지 못했다는 경우도 있고, 어떤 학교에서는 성공했지만 다른 학교에서는 전혀 효과가 없었다는 경우도 있습니다. 좋다고 소문난 경험에 근거한 육아법을 과학적으로 분석해보았더니 실은 역효과였다는 경우도 많습니다.

물론 지금까지 옳다고 알려진 방식 중에서 그 효과가 과학적으로 재확인된 경우도 있습니다. 또 한편으로 지금까지는 주목받지 못했지만 실은 엄청난 효과가 있다는 것이 입증된 육아법도 있습니다.

하지만 유감스럽게도 이런 최신 과학의 성과가 신속히 가정이나 학교교육 현장에 전파되어 실천되는 것은 아닙니다. TV나 잡지, 인터넷 등에서 범람하는 정보 중 무엇이 과학적으로 제대로 입증된 것인지 스스로 판단하기는 더더욱 어렵습니다.

부모와 교사 모두, 집안일과 업무로 시간이 부족한 탓에, 최신 과학의 성과를 계속해서 찾아보고 실행하기란 어려운 실정입니다.

이 책은 최신 뇌과학과 심리학이 바탕이 된 육아법 중에서 가정이나 교육 현장에서 곧바로 실천할 수 있는 내용을 엄선해 알기 쉽게 설명했습니다. 또 좋다는 말만 믿고 무심코 따라 하기 쉬운 잘못된 육아법에 대해서도 철저히 살펴보고 대책을 마련했습니다.

과학 육아를 대하는 올바른 방법

하지만 여기서도 주의할 점이 있습니다. 과학적 근거를 갖춘 육아법이라고 해서 아이의 반응을 무시하고 무작정 밀어붙이는 것이 능사는 아닙니다.

과학적 효과가 확인되었다고 해도 누구에게나 똑같은 효과를 기대할 수 없는 것은 마찬가지입니다. 어디까지나 '많은 사람에게 시도해본 결과, 우연의 오차 이상의 차이가 발견되었다'는 것에 지나지 않습니다. 그래서 과학적으로 효과가 확인된 교육법일지라도 내 아이에게는 효과가 없거나 전혀 맞지 않아 다른 방법을 찾아야 하는 경우도 생깁니다. 자신의 아이에게 맞지 않는 방식을 과학적으로 효과가 확인되었다는 사실만 믿고 견디다가는 역효과가 생길 수도 있습니다. 또, 이미 교육이 잘 이루어지고 있는데도 과학적으로 효과가 확인되었다는 이유만으로 바꿔야 하는 것도 아닙니다.

여기서 다음과 같은 의문이 들지도 모릅니다.

"잠깐만요. 전혀 이해가 안 돼요. 과학적으로 효과가 확인되었다고 해도 내 아이에게 맞을지 모른다면 굳이 과학적 육아법에 구애받을 필요가 있을까요?"

단언컨대 그럴 필요가 있습니다! 예를 들어 자녀 교육에 어려움을 겪을 때를 생각해봅시다.

요즘과 같은 AI 시대에는 육아 정보도 무척 다양하게 접할 수 있습니다. TV, 인터넷이나 블로그, SNS, 책이나 잡지 같은 읽을거리와 볼거리를 비롯해서 선생님이나 친구의 추천도 생각해볼 수 있습니다.

내용도 제각기 달라서 '칭찬하는 것이 좋다' '아니다,

엄격하게 대해야 한다' 등과 같이 전혀 상반된 방법을 이야기하기도 합니다. 그래서 어느 쪽이 맞는 말인지 혼란스럽습니다. 그렇다고 무작정 전부 시도해보자니 시간도 없고, 혹여 아이에게 맞지 않기라도 하면 아이가 겪을 고통이 커지는 것도 사실입니다.

어떻게 해야 확률이 높은 방법을 효과적으로 선택할 수 있을까요? 그렇다 하더라도 역시 먼저 선택해야 할 것은 과학적 육아법입니다.

많은 아이에게 한결같은 효과를 발휘했고, 인간의 뇌와 마음의 구조에도 적합하며 개인의 편견이나 주관을 최대한 배제하고 과학적으로 연구된 방법. 무엇 하나 확실한 것이 없다고 해도 역시 여러 방법 중에서 선택해야 할 것은 보다 많은 사람에게 객관적으로 효과가 확인된 방법, 즉 '과학적 육아법'인 것입니다.

육아 문제로 어려움을 겪고 있다면 일단은 과학적으로 확인된 방법을 선택합시다. 그런 다음에 내 아이와 맞는지 잘 관찰하고 살펴보면 됩니다.

스탠퍼드에서 실천해온
과학 육아법

저는 스탠퍼드대학교 소속의 온라인 하이스쿨^{Stanford Online} High School, OHS 교장을 맡고 있습니다. 창립한 지 7년이 된 우리 학교는 AI 시대의 교육 개척자로 도전을 계속해온 결과, 온라인 학교이지만 전미 최고의 학교 중 하나로 발돋움하게 되었습니다. 현재 우리 학교는 세계 각국의 중고등학생과 그들의 부모님을 지원하는 프로그램은 물론, 입학을 희망하는 초등학생을 위한 프로그램도 운영하고 있습니다.

업무 성격상, 일과시간은 대부분 육아나 공부법을 연구하고 실천하는 데 쏟고 있습니다. 세계 굴지의 스탠퍼드대학교라는 '지리적 이점'도 살려, 최신의 뇌과학과 심리학 정보를 활용한 육아법을 알기 쉬운 형태로 공유하기도 합니다.

현재 일을 하고 있는 곳은 스탠퍼드대학교가 있는 미국 캘리포니아지만, 태어나고 자란 곳은 일본이라서 일본을 대상으로 한 정보도 공유합니다. 책이나 블로그뿐만이 아니라, 강연회나 온라인 카페 등을 통해서 영유아나 미취학 아동을 키우는 분들을 지원하고 교육해왔습니다.

덕분에 많은 분의 호평을 받아 학교 교재나 지원 프로그램 사업을 확대할 수 있었고, 보다 많은 분에게 도움이 되면 좋겠다는 생각에 이 책을 집필하게 되었습니다.

AI 시대를 내다보고 최신 과학에 근거한 새로운 교육법을 도입해 발 빠르게 성과를 올리는 학교나 가정도 있지만 아직 일부에 지나지 않습니다. 그렇기에 세계를 무대로 최전선에 서 있는 입장에서, 아이의 마음과 지능을 효과적으로 향상시키는 방법을 신속히 여러분께 전달하는 것이 이 책의 목적입니다.

아이를 키우고 가르치는 이들의 필독서

육아는 어렵습니다. 걱정스럽고 짜증이 나기 마련입니다. 아이를 생각하면 더 부담스럽고 힘듭니다. 그렇다고 모든 일을 제쳐두고 육아에 집중할 시간도 자원도 녹록

하지 않습니다.

육아의 고민은 다양하며 누구나 어떤 형태로든 고민하고 있습니다. 그리고 점점 더 빠르게 복잡해지는 오늘날, 육아에 어려움을 겪는 사람도 점점 더 늘고 있습니다. 아이의 성향도 제각기 다릅니다. 좋아하는 것이나 성격도 전혀 다른 상황에서 과연 어떻게 해야 아이를 올바르게 키울 수 있을까요?

인터넷이나 TV에서 이것이 좋다, 저것이 좋다는 이야기를 들어도 무엇이 정말 좋은 방법인지 가늠이 안 되고, 실제로 시도해봐도 좀처럼 효과를 실감하기 어렵습니다. 그렇다고 주변에 조언해줄 사람도 마땅히 없습니다.

이 책의 주제는 최신 과학이 밝힌 아이의 뇌와 몸의 메커니즘에 최적화된 육아법입니다. 정보가 넘치는 AI 시대에 그럴싸한 육아법을 선택하는 실수를 막고 평소 일상에서 활용할 수 있는 과학적 방법을 엄선해서 설명했습니다. 특히 다음과 같은 의문을 가지고 계신 분이라면 꼭 읽어보시길 권합니다.

- 아이를 가르칠 때 조심해야 할 점은 무엇인가요?

- 어떻게 훈육하고 칭찬해야 할까요?
- 아이의 장래를 위하는 방법은 무엇인가요?
- 어떻게 키워야 아이의 인간관계나 마음가짐을 성장시킬 수 있을까요?
- 아이를 가르칠 때 짜증 내지 않는 방법은 무엇일까요?

  이상은 육아 고민 조사에서 상위에 오른 의문이나 질문입니다. 이 책에서는 각각의 질문에 장을 나누어 자세히 설명했습니다. 한창 육아에 매진 중인 부모나 앞으로 아이가 태어날 신혼부부, 육아에 조금이라도 도움을 받고 싶은 분, 아이들을 지도하는 교육자, 그리고 육아 관련 최신 과학 지식이 궁금한 독자 등 다양한 분이 가정의 상황이나 아이의 요구에 맞는 교육법을 찾는 데, 이 책이 도움이 된다면 더할 나위 없겠습니다.

차례

우리 아이 훈육
검증된 '과학 육아'로 시작하기

그럴싸해 보이는 육아법의 비밀 ——————— 6

육아법은 과학적 입증이 필수 ——————— 9

과학 육아를 대하는 올바른 방법 ——————— 11

스탠퍼드에서 실천해온 과학 육아법 ——————— 14

아이를 키우고 가르치는 이들의 필독서 ——————— 15

자녀의 뇌와 마음 알기

바로 야단치는 훈육법은 역효과 ——————— 25

아이의 감정이 쉽게 격앙되는 뇌과학적 이유 ——————— 27

아이의 감정이 격해질 때 고려해야 할 뇌과학 테크닉 ——————— 29

아이 뇌의 90퍼센트는 5세에 완성된다? ——————— 31

뇌는 학습을 통해 변화를 거듭한다 ——————— 34

아이들의 두뇌 발달을 방해하는 최악의 습관 ——————— 36

아이와 스트레스의 올바른 관계 ——————— 37

아이의 뇌를 성장시키는 가장 간단하고 효과적인 방법 ——————— 39

지금 바로 할 수 있다! 아이의 정신 발달에 가장 중요한 것 ——— 41

사회적 뇌를 키우면 머리가 좋아진다 ——————— 43

한 번에 바꾸기와 조금씩 바꾸기 어느 쪽이 더 효과적일까? ——— 46

뇌가 가장 효율적으로 배울 수 있는 순간 ——————— 48

아이에게 뇌과학을 가르치면 성적이 올라간다 ——————— 50

1장 요약 ——————— 53

아이의 의욕을 높이는 칭찬법

아이의 의욕을 높이는 과학적 방법 ——————— 57

의욕의 원천은 단 세 가지 ——————— 58

두 가지 종류의 의욕 ——————— 60

보상이 아이의 의욕을 꺾는다 ——————— 62

용돈 작전을 효과적으로 사용하는 심리학적 방법 ——————— 64

심리학적으로 올바른 아이 칭찬법 ——————— 66

결과와 노력 중 어느 쪽을 칭찬하는 것이 효과적일까? ——————— 67

목적이 있는 칭찬은 좋지 않다 ——————— 69

동기부여를 위한 비교는 금물 ——— 70

부모의 단정은 아이에게 저주와 같다 ——— 72

긍정적인 단정도 주의해야 한다 ——— 74

절대로 해서는 안 되는 최악의 말 ——— 75

아이가 틀렸을 때 건네는 올바른 말 ——— 78

●━● 2장 요약 ——— 80

성장하는 아이로 키우기 위해 부모가 해야 할 일

훈육이냐 자율이냐 ——— 85

성장하는 아이를 키우는 부모가 피하는 육아법 ——— 87

혹하기 쉬운 최악의 육아 습관 세 가지 ——— 89

통제형 육아는 장기적 효과가 없다 ——— 92

통합적 성장을 가능하게 하는 자율성 ——— 93

'스스로 한다'는 제멋대로나 자유분방과 다르다 ——— 96

많은 이들이 주목하는 자율 지원형 육아란? ——— 98

힘든 일도 해냈다는 기분이 들도록 하는 법 ——— 99

팔불출이 되지 않으면서 아이에게 상냥해지는 법 ——— 100

'육아 포기'에 빠지지 않기 위해 명심해야 할 세 가지 ——— 102

아이가 게임과 스마트폰을 그만두지 못하는 이유 ——— 104

금지 강요 육아의 함정 ——— 106

신기술을 올바르게 대하는 세 가지 방법 ——————— 108

스마트 기기 사용 시간을 줄이는 올바른 방법 ——————— 112

3장 요약 ——————— 115

정서와 지능을 높이는 과학 육아

아이의 정서를 길러야 하는 진짜 이유 ——————— 119

위험한 자기 긍정감 향상법 ——————— 121

부정적인 기분을 지우려고 무리하지 말 것 ——————— 124

아이가 익혀야 할 자기 긍정감이란 ——————— 125

나르시시즘에 빠지지 않기 위해 조심할 것들 ——————— 127

아이에게 가르칠 최강의 정서 관리법 ——————— 129

아이와 함께하는 자기 긍정감 훈련 ——————— 132

초등부터 할 수 있는 스탠퍼드식 스트레스 관리법 ——————— 135

자기 긍정감과 집중력을 향상하는 훈련 ——————— 138

자기 긍정감을 향상하는 간단한 소통 방법 ——————— 142

상냥함의 과학적인 장점 ——————— 145

이타적인 자세와 행복의 과학 ——————— 147

친절한 사람의 행복감이 높은 이유 ——————— 149

4장 요약 ——————— 152

육아가 힘든
과학적 이유와 대처법

육아 스트레스를 체크해보자 ——————— 157

부모의 스트레스가 자녀에게 미치는 영향 ——————— 161

오늘날 육아가 고통스러운 과학적인 이유 ——————— 162

육아 스트레스를 유발하는 구조 ——————— 165

육아 중인 부모에게 필요한 세 가지 ——————— 167

개선되지 않은 상황은 성장의 기회 ——————— 169

'해야 한다'에 매몰되면 안 된다 ——————— 170

아이에게 맞는 육아법 찾기 ——————— 172

아이의 변화를 깨닫는 요령 ——————— 173

5장 요약 ——————— 177

마치며 ——————— 179

주 ——————— 180

1장

자녀의 뇌와 마음 알기

바로 야단치는 훈육법은 역효과

"싫어, 정말 싫단 말이야!"

이렇게 외치며 큰 소리로 울기 시작하는 아이. 해야 할 일을 하기 싫어서 끝내 울음을 터트리고 말았습니다. 상황이 이 정도까지 치달으면 아무리 부모라도 슬슬 부아가 치밀어 오르죠. '안 되는 건 안 된다'는 사실을 가르치려면 지금 당장 야단쳐서 바로 잡아야 한다는 생각이 들게 마련입니다.

"오빠가 먼저 했잖아!"

"아니, 네가 이상한 소리를 하니까 그렇지."

격앙된 말이 오고 가더니 여느 때처럼 서로 달려들어 펀치에 킥, 눈물에 고함을 주고받습니다. 마찬가지로 '지금이야말로 훈육의 기회'이니 싸우면 둘 다 혼난다는 사실을 당장 가르쳐야겠다고 다짐합니다. 이렇게 반복해서 설명하다 보면 언젠가는 알아줄 거라고 믿으면서요.

아이를 키우다 보면 이런 '생떼'나 '다툼'은 일상다반사입니다. 이밖에도 정해둔 시간이 넘도록 게임이나 텔레비전에 빠져 있기도 하고, 놀이터에서 놀기 시작하면 집에 돌아올 생각을 하지 않기도 합니다. 편식도 흔한 일입니다.

자녀가 아이인 이상, 해야 할 일과 해서는 안 되는 일을 알려주고, 또 왜 그런지 이유를 설명해주어야 합니다. 또 대개의 부모가 자녀 교육은 바로 실행하는 것이 효과적이라고 생각합니다. 나중에는 잊어버리기 때문이지요. 또 '쇠는 뜨거울 때 두드려라!'라는 격언을 떠올리기도 합니다. 이처럼 '바로 야단치는 훈육법'은 우리에게 매우 친숙하며 실제로 많은 분이 이미 하고 계실 겁니다.

하지만 바로 야단치는 교육법은 뇌과학적으로 역효과

가 날 수도 있습니다. 그러므로 먼저 아이 뇌의 성장 과
정을 이해하고 주의를 기울여 대응하는 게 좋습니다. 여
기서는 잠시 아이의 뇌에 대해 살펴보도록 하지요.

아이의 감정이 쉽게 격앙되는
뇌과학적 이유

기쁨, 슬픔, 분노, 기쁨, 불안, 두려움, 놀라움…. 인간의
뇌는 감정을 느끼는 기능과 함께 논리적으로 생각하고
분석하여 언어화하는 이성적인 기능도 수행합니다. 이
러한 감정 기능과 이성 기능은 뇌의 각기 다른 영역이
담당하며, 일반적으로 '우뇌는 감정, 좌뇌는 이성'을 맡
고 있다고 알려져 있습니다.

  가령 기분 나쁜 말을 듣고 욱하는 마음이 들었지만 감
정을 누르고 냉정하게 대응했다고 합시다. 그렇다면 이
때는 우뇌가 격앙된 상태이며, 좌뇌는 그것을 진정시키
는 상황인 것입니다.

  하지만 아이의 뇌는 이성적인 기능을 담당하는 좌뇌

가 아직 발달하지 못했습니다. 그래서 감정적이 되었을 때, 격앙된 감정을 억제할 수 없습니다.

또한 아이는 감정이 격해지면 이성적 기능을 담당하는 좌뇌가 제대로 역할을 하지 못하므로 해야 할 일을 논리적으로 순서를 세워 생각하거나, 부모의 지시나 지도를 이해하려는 뇌의 기능이 정지해버립니다. 즉 아이의 감정이 격앙되었을 때는 훈육을 시도해도 뇌가 받아들이지 못하기 때문에 결과적으로 불에 기름을 붓는 상황이 벌어지는 것입니다.

〔그림 1〕 감정적 기능의 우뇌와 이성적 기능의 좌뇌

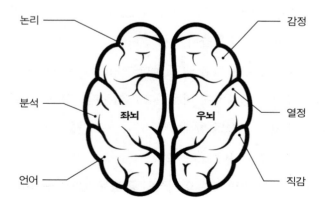

논리

분석

언어

좌뇌

우뇌

감정

열정

직감

아이의 감정이 격해질 때 고려해야 할
뇌과학 테크닉

아이가 울거나 감정이 격앙되었을 때는 그 자리에서 훈육해도 아이의 뇌가 받아들일 수 없습니다. 그럼 어떻게 해야 할까요?

추천하는 방법은 세계적인 베스트셀러 작가이기도 한 캘리포니아대학교 LA 캠퍼스의 댄 시걸 교수가 제창한 '연결과 되돌리기Connect & Redirect'[1]입니다.

아이의 감정이 격앙되었다면 우선은 아이의 마음과 연결을 시도해야 합니다. 어린아이라면 안아주고 달래주는 등 쓰다듬으며 마음을 진정시킵니다. 어느 정도 말이 통하는 아이라면, '그렇구나, 싫구나' '화가 났구나' 등과 같이 아이의 기분을 말로 표현해줍니다.

우선은 아이의 마음을 이해했다는 사실을 행동이나 말로 전달해서 아이의 기분을 편안하게 보듬어주는 것이 첫 번째 단계입니다.

그렇게 해서 아이가 침착해지면, 다음 단계인 '되돌리기'로 넘어갑니다. 아이의 기분을 '되돌린다'는 의미입니다.

　감정이 격앙되었을 때의 상황을 상기시키며 좀 전에 해야 했던 일과 하지 말았어야 했던 일을 설명합니다. 과열된 우뇌가 진정되고 아직은 발달하지 않은 좌뇌도 상황을 이해할 준비가 되면, 비로소 해야 했던 일과 하지 말았어야 했던 일을 차근차근 설명하는 것입니다.

　이것이 뇌과학적으로 봤을 때 이치에 맞는 커뮤니케이션 방법입니다. 아이가 화를 내거나 울 때, 진정하도록 부드럽게 돕는 것은 아이를 응석받이로 키우는 것이 아닙니다. 오히려 아이가 자신의 기분을 진정시키는 방법을 익히는 훈련이 될 수 있다는 점을 기억합시다.

　아이는 격앙된 감정을 스스로 수습할 수 없어 감정의 기복을 조절하는 데 도움이 필요합니다. 이때 어른이 도와주면 감정을 다스리는 훈련을 할 수 있습니다.

　가령 연필을 바르게 쥐지 못하는 아이가 있다면, 일단 함께 연필을 들고 써보는 연습을 하는 것입니다. 누구든 처음에는 그런 도움이 필요하며, 그렇게 몇 번 연습하다 보면 혼자서도 연필을 바르게 쥐고 글씨를 쓸 수 있게 됩니다.

마찬가지로 아이는 감정이 격앙되었을 때 어떻게 마음을 진정시키는지 모릅니다. 그래서 부모가 등을 쓰다듬거나 말을 걸어 마음을 진정시킬 수 있도록 도와주어야 합니다. 이런 체험을 반복하다 보면 아이 스스로 격앙된 감정을 진정시키는 방법을 조금씩 터득할 수 있습니다. 그런 도움이 없다면 감정을 진정시키는 방법을 터득하는 것이 느려질 수밖에 없습니다. 즉 아이가 발끈했을 때는 바로 훈육하기보다는 '연결과 되돌리기'라는 단계를 밟는 게 아이 스스로 자기 감정을 조절하는 방법을 터득할 수 있는 지름길입니다.

아이 뇌의 90퍼센트는 5세에 완성된다?

이처럼 지극히 자연스럽다고 여기는 훈육 습관도 최신 과학의 시각으로 바라보면 다시 생각해봐야 할 점이 아주 많습니다. 그래서 하버드대학교 어린이 발달 센터[2]에서 정리한 최신 뇌과학과 심리학 성과를 토대로 아이에게 도움이 되는 몇 가지 정보를 소개하겠습니다.

첫 번째로 다룰 것은 '아이 뇌의 90퍼센트는 5세까지 완성된다'는 이야기입니다.

어쩌면 완전히 똑같지는 않더라도 '3세까지'라든가 '80퍼센트' 등 비슷한 이야기를 들어본 적이 있을 것입니다. 그런 말을 들으면 굉장히 어릴 때 뇌 성장이 멈추는구나 하고 생각하게 됩니다.

도대체 어떻게 된 일일까요? 오해하기 쉬운 내용이라서 차근차근 설명하겠습니다.

먼저 그림 2를 살펴봅시다. 각각의 곡선은 아이의 인

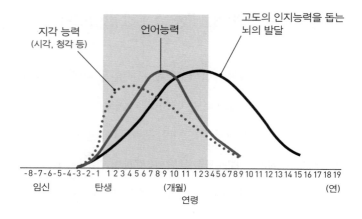

〔그림 2〕인간의 뇌 발달
신생아부터 유아에 걸친 시냅스 형성[3]

지능력 발달 정도를 보여줍니다. 시각, 청각 등의 지각 능력은 태어난 후 몇 개월 사이에 정점을 찍지만, 5세를 맞이할 무렵에는 성장 속도가 둔화됩니다. 즉 물건을 보거나 소리를 듣는 지각 능력은 상당히 빠른 단계에서 완성된다는 의미입니다.

마찬가지로 언어능력도 1세가 되기 전에 급속히 발달하여 5세를 맞이할 무렵에는 그래프가 급격히 떨어져 성장 속도가 둔화되기 시작합니다. 즉 말을 하고 인식하기 위한 기초적인 능력도 5세까지 대략 완성된다는 의미입니다.

반면에 고도의 인지 기능 발달은 1세에서 3세 정도의 정점을 지나더라도 성장 속도가 급격히 떨어지지 않고 10대 중반까지 지속됩니다. 즉 어려운 이야기나 문장의 이해, 계산하거나 논리적으로 생각하는 고도의 인지능력을 지원하는 뇌의 기능은 5세 이후에도 계속 발달합니다.

이처럼 '아이 뇌의 90퍼센트는 5세까지 완성된다'는 주장은 극히 기초적인 인지능력에 한정된 이야기입니다.

고도의 인지능력 발달은 5세 이후에도 계속 이어집니

다. 그러므로 '5세까지 해야 했는데…'라며 실망하거나 포기할 필요는 전혀 없습니다.

뇌는 학습을 통해 변화를 거듭한다

실제로 뇌는 인간이 무언가를 체험할 때마다 계속 변합니다. 아이든 어른이든 우리의 뇌는 어떤 사소한 것이라도 배우고 익힐 때마다 변화를 거듭합니다. 이는 매우 중요한 개념이므로 조금 더 자세히 설명하겠습니다.

우리의 뇌에는 860억 개[4] 정도의 뉴런이라는 신경세포가 있는데, 각각이 수많은 다른 뉴런과 결합해 복잡한 네트워크를 이루고 있습니다. 이것이 '시냅스 결합'입니다. 그 안에서 뉴런은 시냅스를 통해 전기신호를 주고받습니다. 그야말로 뉴런들이 만드는 전기회로라고 할 수 있습니다.

예를 들면, 우리가 무엇인가를 체험하고 그 체험에서 학습할 때 뇌에 전기 펄스가 작용해 다수의 뉴런이 발화합니다. 그와 동시에 발화한 뉴런을 연결하는 새로운 시

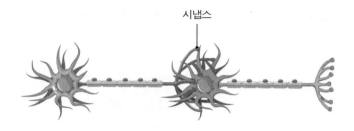

〔그림 3〕 시냅스를 매개로 전기신호를 주고받는 뉴런

시냅스

냅스가 형성되기도 하고, 이미 존재하는 시냅스가 커지기도 합니다.

무언가를 배우면 그 배움에 대응하는 뉴런 회로가 강화되는데 다음에 비슷한 상황에 맞닥뜨리면 그 뉴런들이 활성화되기 쉬워집니다. 즉 우리가 배울 때마다 뇌는 변화하는 것입니다.

무언가를 배울 때마다 수백만의 뉴런이 어떠한 형태로 끊임없이 변한다고 생각해봅시다. 변화의 과정은 몇 시간 또는 며칠이 걸릴 수 있고, 많은 영양과 에너지가 필요합니다. 어린아이라면 소비하는 전체 에너지의 50퍼센트가 뇌에서 소모될 수도 있습니다.[5]

기초적인 인지능력은 빠른 단계에서 완성에 가까워지

지만, 뇌는 그 후에도 계속 변화를 이어갑니다. 5세가 넘어도 뇌의 중요한 기능은 계속 성장하는 것입니다.

아이의 두뇌 발달을 방해하는 최악의 습관

물론 태어난 후 5세까지의 시기가 아이의 뇌 성장에서 정말 중요한 시기임은 틀림없습니다. 이 시기에 아이의 뇌 발달을 돕는 가장 핵심 포인트는 지나치게 스트레스를 주지 않는 것입니다.

어린아이의 뇌는 인간 DNA의 설계도에 따라 기초적인 뇌의 기능을 서서히 발달시켜갑니다. 하지만 장기적인 공포나 불안 등 극도의 스트레스는 뇌의 자연적 발달을 방해합니다.[6] 극도의 스트레스는 성인의 뇌에도 악영향을 미쳐 집중력과 기억력 저하로 이어질 수 있다고 알려졌습니다.[7]

그러므로 특히 어린아이의 뇌 발달에는 극도의 스트레스를 피하는 것이 매우 중요합니다.

그렇다면 아이에게 극도의 스트레스를 주는 환경이란 어떤 것일까요? 신체적인 학대는 물론이고 호통을 치거나 벌을 주는 것도 아이의 마음에 과도한 스트레스를 줄 수 있습니다. 또 장기적인 가족의 불화나 아이의 요구에 응하지 않고 계속 무시하는, 이른바 '돌봄 포기'는 체벌과 같은 수준의 악영향을 미칩니다.[8] 그뿐만 아니라 아이의 장래를 너무 걱정한 나머지 억지로 이것저것 시키는 것 또한 스트레스를 줄 수 있어 조심해야 합니다.

아이와 스트레스의 올바른 관계

그렇다고 아이를 모든 스트레스에서 멀리 떨어뜨리려 노력할 필요는 없습니다. 모든 스트레스가 아이의 뇌 발달에 악영향을 미치는 것은 아니며, 적당한 스트레스는 아이가 성장하는 데 필요불가결하다고도 말할 수 있습니다. 즉 아이에게 강한 스트레스가 장기간 지속되는 상태는 피해야 하지만, 일상에서의 적은 스트레스는 전혀 문제없습니다.

자녀의 뇌와 마음 알기

공부나 친구 관계, 뜻밖의 일 등 일상생활의 다양한 사건은 아이에게 크든 작든 스트레스를 줍니다. 그리고 아이는 그러한 경험을 통해 배웁니다. 어려운 문제가 바로 풀리지 않아 짜증이 나도 그것을 극복하면 새로운 지식을 익힐 수 있고, 친구와의 관계가 틀어지는 슬픈 경험도 감정적으로 단단해지고 사회성을 형성하는 계기가 됩니다.

따라서 아이를 모든 스트레스에서 멀리 떨어뜨리겠다며 애쓰기보다 스트레스가 생겼을 때 어떻게 도울지 생각하는 것이 중요합니다.

가령 가족끼리 큰 다툼이 일어났다고 합시다. 어린 막내는 가족들의 험악한 표정에 겁에 질려 울음을 터트리고 말겠지요. 이런 일이 일어나면 바로 부드럽게 진정시켜주고 그 후에 비슷한 일이 자꾸 일어나지 않도록 조심해야 합니다.

아이를 극도의 스트레스 상황에 방치해서 생긴 상처는 나중에 치유하기가 매우 어렵습니다. 강한 스트레스에 아이가 노출되었다면 곧장 마음을 보듬어주고, 그 후에는 비슷한 상황에 반복해서 노출되지 않도록 주의합시다.

이것이 아이의 마음이나 뇌에 미치는 악영향을 최소화하는 방법입니다. 실제로 아이의 마음에 트라우마가 미치는 영향은 트라우마의 종류보다 사건이 일어났을 때 어떤 도움이 있었는지에 따라 결정된다고 해도 과언이 아닙니다.

아이의 뇌를 성장시키는
가장 간단하고 효과적인 방법

우선 폭력이나 폭언은 당연히 안 되며, 지나치게 여러 가지 일을 요구하거나 강요하는 것도 안 됩니다. 그렇다고 그냥 내버려두면, 아이에게 학대와 같은 수준의 악영향을 미칩니다.

지금까지의 설명으로 어떤 점을 조심해야 하는지 파악하셨을 거라 생각합니다. 그럼 반대로 적극적으로 해야 할 일은 무엇일까요? 이 물음에 대해 다양한 각도로 살펴보겠습니다.

우선 가장 간단하고 효과적이며 육아의 기본이 되는 방법을 소개해드리겠습니다. 앞서 소개한 하버드대학교 어린이 발달 센터가 권장하는 '서브 앤드 리턴Serve & Return'9 이라는 방법입니다.

첫 번째 단계는 '서브'입니다. 테니스에서 공을 처음으로 상대에게 쳐주는 서브를 떠올리면 됩니다. 예를 들어, 아기가 옹알이를 하거나 손발을 움직이는 것도 모두 아기의 '서브'로 해석할 수 있습니다.

이어서는 부모가 '리턴'할 차례입니다. 즉 어떤 반응을 보이는 거죠. 말을 걸거나 쓰다듬거나 웃는 얼굴을 보여주는 겁니다.

매우 간단하지만 이러한 서브와 리턴의 반복이 아이의 인지능력과 커뮤니케이션 능력을 발달시키는 데 효과적인 방법임이 밝혀졌습니다. 따라서 부모가 가장 먼저 해야 할 일은 아이들의 '서브'에 맞춰 제대로 '리턴' 해주는 일입니다. '서브'를 눈치채지 못하거나 무시하고, 건성으로 '리턴'하거나 반응을 보이지 않으면 아이의 자연스러운 뇌 발달을 제대로 지원하지 못하게 됩니다.

이런 '서브 앤드 리턴'은 어린아이는 물론이고 더 큰

40
1장

아이에게도 중요합니다. 나이에 관계없이 아이의 질문이나 표정, 몸짓에 늘 반응한다는, 이른바 '돌봄의 기본'을 충실하게 지키는 것이야말로 아이의 자연스러운 뇌 성장을 돕는 가장 쉽고 빠른 지름길입니다.

지금 바로 할 수 있다! 아이의 정신 발달에 가장 중요한 것

'서브 앤드 리턴'은 자녀의 인지능력이나 소통 능력의 발달을 도울 뿐만 아니라, 부모와 자녀 간의 신뢰 관계 구축에도 도움이 됩니다.

부모와 자녀의 신뢰 관계는 일상생활이나 돌봄을 원활하게 할 뿐만 아니라, 아이의 정신 발달에도 매우 중요하다는 사실이 밝혀졌습니다. 실제로 아이의 정서적 안정감은 탄탄한 신뢰 관계를 구축한 어른이 한 명이라도 있는지에 크게 좌우된다는 보고가 있습니다.[10] 이는 육아를 하는 부모에게 매우 중요하고 든든한 과학적 발견입니다.

어느 한 사람이 주어진 환경을 바꾸기는 어렵습니다. 또한 아이가 직면할지도 모르는 미래의 힘든 상황을 미리 막는 것도 불가능합니다. 그렇기 때문에 부모는 정서가 안정된 아이로 키우고 싶은 것이지요.

그러기 위해서는 신뢰 관계가 형성된 어른이 단 한 사람만 있으면 됩니다. 그리고 그 한 사람은 자신이 되겠다고 생각하면 어떨까요? 예를 들어 함께 살고 있는 조부모와 육아 방침이 극단적으로 다른 경우를 상상해봅시다. 조부모의 시대에 뒤떨어진 방식이 아이를 힘들게 하고 악영향을 미칠까 봐 걱정입니다. 하지만 나는 조부모의 행동을 바꿀 수 없는 상황입니다. 그럴 때는 부모인 내가 자녀와 탄탄한 신뢰 관계를 쌓는 것으로 해결의 실마리를 찾을 수 있습니다. 부모와의 신뢰가 단단하다면 주변에 다른 변수가 생겨도 아이는 이 신뢰를 버팀목 삼아 이겨낼 수 있습니다. 마찬가지로 학교나 학원 등에서 괴롭힘을 당하거나 좌절을 맛보더라도 부모와의 신뢰가 확실하게 구축된 아이는 좌절하지 않고 나아갈 수 있는 강인함을 가질 수 있을 것입니다.

'서브 앤드 리턴'을 실천하여 평소 자녀와의 신뢰 관

계를 돈독히 구축해나가도록 합시다. 그것이 아이의 정서를 단단하게 하는 착실한 첫걸음이 됩니다.

이제 이러한 사실을 알고 4장에서 다루는 아이의 정서 강화법을 시험해보면 좋겠습니다.

사회적 뇌를 키우면 머리가 좋아진다

'서브 앤드 리턴'이 아이의 소통 능력과 정서를 강화하는 데 도움이 된다는 사실을 알았습니다. 그럼 아이의 지능과 인지능력을 높이려면 어떻게 해야 할까요?

여기에 대답하기 전에 아이의 뇌에 대해 조금 더 알아보기로 하죠.

인간은 신체 대비 두뇌의 비율이 가장 큰 동물이라고 합니다.[11] 인간의 뇌는 왜 그렇게 커졌을까요? 여러 가지 일을 수행해야 하기 때문일까요? 그것도 맞는 말입니다. 그러나 밝혀진 바에 따르면 인간의 뇌 크기에 가장 크게 관여한 부분은 사회성과 관련된 능력이라고 합니다. 예를 들어 원숭이 집단에서는 함께 행동하는 무리가 크면

클수록 신체 대비 뇌의 신피질 비율이 커집니다.[12]

주변과 관계를 잘 맺고 무리를 키우면 자연도태의 상황에서도 우위를 점할 수 있습니다. 즉 인간의 뇌가 지금 같은 크기로 커진 것은 모두와 사이좋게 지내기 위해서라는 것입니다. 이른바 '사회적 뇌 가설social brain hypothesis'입니다.

이 가설에 따라 인간의 뇌를 '사회적 뇌'라고 부르기도 합니다. 이런 면에서 볼 때 '서브 앤드 리턴'으로 아이의 사회성을 키우는 것은 인간 뇌의 근본적인 메커니즘에 부합하는 것입니다.

그것뿐만이 아닙니다.

아이의 사회적·감정적 인식과 그에 대한 조절을 도와주면, 아이의 마음 건강이 개선되고[13] 학습 능력도 향상됩니다.[14] 즉 사회성과 감정을 느끼는 기능이 뇌 메커니즘의 핵심이기 때문에, 이 기능을 활성화하면 아이의 지적 능력도 높아진다는 것입니다! 이는 감정이나 사회성, 지적 능력이라는 다양한 기능이 뇌 속에서 복잡하게 연관되어 있다는 사실을 나타내기도 합니다. 따라서 '공부해 공부!'와 같은 일차원적 접근법은 아이의 뇌 성장을 돕는 데 효과적이지 않습니다.

다양한 체험을 통해 몸과 마음의 능력을 함께 키워가는 것이 뇌를 효율적으로 성장시키는 최고의 육아법이며, 결과적으로 성적 향상의 지름길입니다. 실제로 위대한 업적을 달성한 천재들의 뇌를 분석한 연구에 따르면, 천재의 뇌는 서로 다른 영역 간의 연결이 매우 활발하다고 합니다.[15]

여기서 우리가 알 수 있는 것은, 뇌의 특정 영역만 발달시키기보다 다양한 영역을 훈련해 잘 연결해야 한다는 사실입니다. 그러므로 오로지 공부만이 성적을 높이는 가장 효과적인 방법은 아닙니다. 친구들과 웃고 울며, 성공과 좌절을 경험하고, 운동이나 예술 같은 문화를 즐기는 등 다양한 체험을 통해 뇌가 통합적으로 발달해야 가장 효율적으로 성적을 높일 수 있습니다.

한 번에 바꾸기와 조금씩 바꾸기 어느 쪽이 더 효과적일까?

이제 자녀 교육의 큰 주제 중 하나인 습관화에 대해 이야기해봅시다. 아이가 매일 아침 운동하고 정해진 시간에 공부했으면 하고 바라는 게 부모 마음입니다. 음식 투정 대신 골고루 먹었으면 하는 바람도 있지요.

모든 부모가 아이에게 올바른 습관을 길러주고 싶어 합니다. 이때 습관을 한 번에 확 바꿀 것인지, 아니면 조금씩 바꿔 갈 것인지가 고민이지요.

'평소에 하던 일은 한 번에 바꿔야 심기일전도 되고, 새로운 습관을 중심으로 일상의 리듬에 맞출 수 있지 않을까?'

'아니, 아니야. 익숙하지 않은 일을 갑자기 하기는 어려워. 역시 조금씩 바꿔 가는 게 중요해.'

과연 어느 쪽이 더 효과적일까요? 이 물음에 뇌의 구조에 근거해서 답변드리자면, 새로운 습관을 몸에 익힐 때는 조금씩 바꿔 가는 것이 이치에 맞습니다.

실제로 습관 바꾸기 프로그램에서도, 습관은 점진적

으로 바꾸는 게 효과적이라고 합니다. 습관이란 강한 의지가 없어도 어떤 일정한 상황에 놓이면 자연스럽게 하게 되는 행동을 말합니다. '아침에 일어나면 주저 없이 세면장에 가서 이를 닦는것'처럼 의식하지 않아도 자연스럽게 행동에 옮기는 것이 습관입니다. 그리고 무언가를 습관화한다는 것은 그러한 자연스러운 행동 패턴을 뇌에 각인시킨다는 의미이기도 합니다.

그럼 어떻게 뇌에 그 패턴을 각인시킬 수 있을까요? 몇 번이고 같은 상황에서 같은 행동을 취하는 것밖에 달리 방법이 없습니다. 반복적으로 같은 체험을 해서 동일한 뉴런 회로가 몇 번이고 반복 활성화되어야 견고하고 잘 길든 뉴런 회로로 완성됩니다.

이렇게 튼튼한 뉴런 회로가 생성되어야 비슷한 상황을 접했을 때 이런저런 생각 없이 지금까지와 같은 행동을 취할 수 있습니다. 즉 아침에 일어나서 아무 생각 없이 욕실로 가서 이를 닦는 습관을 만들려면 반복적인 훈련이 필요한 것입니다.

뇌는 계속 변하지만 그 변화는 아주 조금씩 일어나므로 아이에게 어떤 습관을 길러주고 싶다면 끈기를 가지고 서서히 바꿔 가겠다고 마음먹길 바랍니다. 아이의 습관에 대해서는 3장에서 아이의 게임 시간 줄이기에 초점을 맞추어 좀 더 자세하게 설명하겠습니다.

뇌가 가장 효율적으로 배울 수 있는 순간

아이 뇌의 메커니즘에 대한 또 하나 중요한 사실은, 뇌는 틀렸을 때 가장 효율적으로 학습할 수 있는 구조라는 것입니다. 이런 생각은 옛날부터 경험적으로도 구전되어 왔지만, 최근에는 뇌과학 연구로도 재확인되었습니다.[16] 틀린 문제를 다시 살필 수 있게 도와주면 더 효율적으로 학습할 수 있습니다.

중요한 내용이므로 좀 더 자세히 설명해보지요. 우리의 뇌는 보기, 듣기 등의 지각을 통해 주변 환경을 인식하고 상황을 예측합니다.

가령 아이가 고양이와 놀고 있다고 합시다. 아이가 고양이의 머리를 쓰다듬고 등을 문질렀더니 고양이도 즐거운 듯이 재롱을 떨었습니다. 고양이의 이 같은 반응에

호기심이 인 아이도 고양이의 여러 곳을 쓰다듬으며 놀이를 이어갑니다. 이때 아이는 쓰다듬어주면 고양이와 계속 기분 좋게 놀 수 있을 거라고 예측할 것입니다.

그런데 그만 아이가 고양이의 꼬리를 잡고 말았습니다. 그 순간 고양이가 갑자기 싫다고 으르렁거리며 아이를 노려보고 물려고까지 합니다. 고양이는 만져주는 걸 좋아한다고 생각했던 아이의 예측이 빗나가버리고 만 것입니다.

이런 체험을 한 아이는 다음에 고양이와 놀 때는 꼬리를 만지지 않도록 조심하게 될 것입니다. 이렇게 자신의 예측이 틀렸을 때 뇌 안에서는 학습이 일어납니다.[17] 가까운 미래에 비슷한 환경에 처했을 때 더 정확히 예측할 수 있도록 뇌 회로가 다시 구성되는 것입니다.

실제로 최근 연구에서, 우리의 뇌는 예측이 빗나갔을 때 도파민 분비량이 증가하고 뉴런 회로가 효과적으로 업데이트된다는 사실이 밝혀졌습니다.[18] 즉 잘못된 예측을 했을 때 뇌는 그 실수를 올바르게 수정하기 위한 '준비'를 갖춥니다.

이와 같은 뇌의 메커니즘 때문에 실수나 실패를 최고

의 학습 기회로 삼게 되는 것입니다. 그러니 아이가 뭘 좀 틀렸다고 우울해할 필요가 없습니다. 그래서는 학습할 수 있는 최대의 기회를 놓치게 됩니다. 아이가 틀렸을 때는 이 사실을 떠올리면서 '뇌가 학습할 수 있는 최고의 찬스!'라고 생각해보면 어떨까요?

아이에게 뇌과학을 가르치면 성적이 올라간다

그럼 아이에게 그런 생각을 길러주려면 어떻게 하면 좋을까요? 물론 평소에 '틀렸을 때가 가장 좋은 배움의 기회'라고 알려주는 것이 첫걸음입니다.

초등학교 고학년 아이라면 보다 효과적인 방법이 있습니다. 바로 이 장에서 설명해온 바와 같이 뇌과학의 기초를 가르쳐주는 것입니다. 이 장에서 설명하는 뇌의 메커니즘은 차근차근 이야기하면, 초등 고학년이 이해하기 어렵지 않을 것이라고 생각합니다.

어렵고 상세한 정보는 필요 없습니다. 뇌의 대략적 메

커니즘을 이해함으로써 배움과 자신의 능력에 대한 긍정적인 이미지를 기르는 것이 목적입니다.

이처럼 뇌가 계속 변한다는 사실을 알게 되면 실제로 학습에 대한 아이의 인식이 개선된다고 합니다. 수학 교육학의 세계적 권위자인 스탠퍼드대학교의 조 볼러 교수가 '유큐브드youcubed'라는 본인의 수학 강좌에서 뇌과학을 가르쳤더니 아이의 성적이 올랐다는 데이터도 있습니다.[19]

또한, 뇌과학의 사실을 이해한 아이는 '성장 마인드셋'을 갖추게 됩니다.[20] 성장 마인드셋은 세계적 베스트셀러 『마인드셋』[21]의 저자이자 교육학자인 스탠퍼드대학교의 캐롤 드웩 교수가 제창한 이론입니다.

재능이나 능력은 타고나는 것이어서 후천적 학습으로는 익힐 수 없다는 사고방식이 '고정 마인드셋fixed mindset'입니다. 그에 반해, 재능 및 능력은 노력이나 연습을 통해 성장시킬 수 있다는 사고방식이 '성장 마인드셋growth mindset'입니다.

지금까지 연구에 따르면 성장 마인드셋을 가지고 있는 아이는 인내심이 강하고 과제 수행력이 상승하는 데 비해, 고정 마인드셋의 아이는 포기하는 경향이 있어 향상심이 부족하고 과제 수행력도 제자리걸음이었습니다. 즉 뇌과학을 배워서 '성장 마인드셋'을 갖추면 과제 수행력 향상으로 이어진다는 것입니다. 따라서 이 책에서 교육법과 뇌의 메커니즘을 함께 설명하는 것입니다.

또한 각 장의 마지막에는 그 장에서 소개한 '뇌의 메커니즘' 및 '뇌과학적으로 올바른 육아'에 대해 간결하게 정리했습니다.

이 책에서 익힌 뇌과학 지식을 아이에게도 꼭 가르쳐 주시기 바랍니다. 뇌에 대해 올바르고 긍정적인 사고방식을 갖춘 아이는 더 많은 것을 효과적으로 학습할 수 있습니다.

1장
요약

1 — 바로 야단치는 교육법은 아이를 가르치는 데 역효과. 감정
이 격앙되었을 때 훈육하면 아이의 뇌는 지시를 잘 받아들
일 수 없다.

2 — '연결과 되돌리기'란, 과열된 우뇌를 진정시켜 침착한 상태
를 확보한 후에, 해야 할 일, 해서는 안 되는 일을 설명하는
교육법이다.

3 — 아이가 흥분했을 때, 부모가 적절한 관심을 보이고 진정시
키는 것은 아이가 자신의 감정을 통제할 수 있도록 돕는 훈
련이 된다.

4 — '아이 뇌의 90퍼센트는 5세까지 완성된다'는 말은 인지능력
의 기초가 완성에 가까워진다는 의미다.

5 — 5세가 넘어도 뇌는 항상 변화한다.

6 — 장기간에 걸친 공포와 불안 등 극도의 스트레스는 뇌의 자
연스러운 발달을 저해한다.

7 — 신체적, 정신적 학대는 물론이고, 가정의 지속적 불화도 스트
레스를 준다. 돌봄 포기는 신체적 학대만큼 악영향을 준다.

8 — 아이의 '서브'에 대한 어른의 적절한 '리턴'은 아이의 인지 능력과 의사소통 능력 발달에 촉매가 된다.

9 — 어릴 때 확실한 신뢰 관계를 맺은 어른이 한 명이라도 있으면 역경에 견딜 수 있는 단단한 정서가 형성된다.

10 — 뇌의 핵심 메커니즘인 사회성과 감정 기능을 활성화하면 아이의 머리가 좋아진다.

11 — 다양한 체험을 통해 다양한 자극을 주는 것이 뇌를 효과적으로 성장시키는 최선의 방법이며 성적 향상의 지름길이다.

12 — 새로운 습관을 들이려면 한 번에 바꾸기보다는 조금씩 바꿔가는 것이 좋다.

13 — 뇌는 틀렸을 때 가장 효율적으로 학습할 수 있다. 아이에게 '틀렸을 때야말로 뇌가 학습할 수 있는 최고의 찬스'라고 알려주는 게 좋다.

14 — 뇌과학을 아는 아이는 '성장 마인드셋'을 갖추게 되어 호기심과 의욕이 향상된다.

아이의 의욕을 높이는
칭찬법

아이의 의욕을 높이는 과학적 방법

무슨 일이든 의욕이 중요합니다. 의욕이 없으면 시간 낭비일 뿐이고, 의욕만 있다면 무엇이든 배울 수 있지요. 하지만 의욕은 있을 때도 있고, 없을 때도 있다는 게 문제입니다. 일부러 의욕을 북돋우려고 해도 그럴 기분이 아니라면 잘되지 않습니다.

대개 의욕을 기분의 문제로만 생각하는데, 이는 지금까지 과학계에서 꾸준히 연구하고 있는 주제 가운데 하나입니다. 즉 아이의 의욕을 북돋는 과학적 접근이 존재

한다는 것입니다.

이 장에서는 의욕을 키우는 과학적 방법에 대해 알아보겠습니다. 특히 일상생활 속에서 아이의 의욕을 이끌어낼 수 있는 대화법에 초점을 맞추어 설명하겠습니다.

의욕의 원천은 단 세 가지

먼저 의욕이 어떻게 생기는지부터 알아봅시다. 그러기 위해서는 '자기결정성 이론'이라는 심리학 이론을 이해할 필요가 있습니다. 이 이론의 주요 개념은 다음과 같습니다.

의욕의 원천은 남들과의 연결(관계성), 자신이 무언가를 할 수 있다는 감각(유능감), 스스로 결단한 일을 자신의 의지로 하고 있다는 감각(자율성)입니다. 이 '마음의 3대 욕구'가 충족되면 우리의 마음도 충만해집니다.[1] 자기결정성 이론은 최근 들어 뇌과학적으로도 밝혀지고 있습니다.

우리가 '행복하구나' '기분 좋네' 같은 기분이 들 때 뇌는 활성화하는 경향이 있는데 이를 두뇌의 '보상 시스템'이라고 합니다. 보상 시스템이 활성화되면 뇌에서 도파민이 분비되는데, 그 때문에 도파민을 '쾌락 물질'이라고 부릅니다. 마음의 3대 욕구인 관계성[2], 유능감[3], 자율성[4]을 느낄 때, 바로 이 보상 시스템이 활성화되는 것이지요.

누군가와 함께 무언가를 할 때, 누군가를 위해 행동할 때, 누군가와 협업할 수 있다는 기대감이 생길 때처럼 '관계성'을 느끼면 뇌에서는 도파민이 뿜어져 나옵니다. 또 무언가를 할 수 있거나 익힐 수 있을 때, 목표를 달성했거나 무언가를 할 수 있다는 예감이 들 때처럼 '유능감'을 느껴도 도파민이 뿜어져 나옵니다. 누군가가 시켜서가 아닌 내 마음에서 우러나서 무언가를 할 때처럼 '자율성'을 느껴도 마찬가지로 도파민이 생성됩니다.

아이도 똑같습니다. 뇌는 마음의 3대 욕구를 충족시켜주는 대상에 의욕이 생기도록 설계되어 있습니다. 즉 아이의 의욕을 효율적으로 향상시키려면, 아이가 관계성, 유능감, 자율성을 느낄 수 있는 환경을 만들어주면 됩니다.

두 가지 종류의 의욕

또 하나, 아이의 의욕에 관해 알아두어야 할 중요한 포인트가 있습니다. 바로 자기결정성 이론의 핵심 요소인 '내발적 의욕'과 '외발적 의욕'을 구별하는 것입니다.

내발적 의욕이란 무언가를 하는 것 자체에 동기가 부여된 상태를 말합니다. 예를 들어 버블랩, 일명 뽁뽁이 터뜨리기가 있습니다. 뽁뽁이를 열심히 터뜨린다고 선물을 주거나 칭찬해주지 않습니다. 그냥 둔다고 해서 벌을 받는 것도 아닙니다. 그럼에도 뽁뽁이 터뜨리기에 자꾸 마음이 쏠린다면, 뽁뽁이 터뜨리기에 내발적 의욕을 느끼는 것입니다.

그에 비해 외발적 의욕은 뭔가를 했을 때 발생하는 보수나 벌 등에 의해 동기가 부여되는 상태를 말합니다. 예를 들어 방 청소가 싫지만 하지 않으면 혼나니까 한다는 것은 외발적 의욕입니다. 정리하자면, 내발적 의욕은 보수나 벌이 없어도 '하고 싶으니까' 하는 것이고, 외발적 의욕은 '보상이 목적'이거나 '벌을 피할 목적'으로 한다는 개념입니다.

그런데 아이가 같은 일에 의욕을 느낄 때라도 그것이 내발적 의욕인지 외발적 의욕인지는 때에 따라 다르므로 주의해야 합니다. 영어 공부를 예로 들어보지요.

먼저, 일본에서 나고 자란 메이의 경우입니다. 메이는 영어를 매우 좋아합니다. 영어를 통해 다른 문화를 접할 수 있고 언어를 배우는 체험 자체를 재미있다고 느끼는 것 같습니다. 이 경우는 영어를 배우는 것 자체를 즐기는 상태라고 볼 수 있으므로 내발적 의욕이 동기를 부여했다고 볼 수 있습니다.

다음은 하루토의 경우입니다. 하루토는 메이처럼 일본 태생이며 마찬가지로 영어를 아주 좋아합니다. 공부하면 칭찬받을 수 있고, 좋은 점수를 받으면 용돈이 생깁니다. 칭찬을 많이 받고 싶고, 갖고 싶은 것도 있으니 영어 공부를 열심히 합니다. 이 경우는 영어를 배울 때 발생하는 '칭찬'과 '용돈'이라는 보상이 동기를 부여하므로 외발적 의욕입니다.

메이도 하루토도 똑같이 영어를 좋아하지만 영어를 공부하는 것 자체가 '즐거워서' 학습 의욕을 느끼는지, 아니면 좋은 점수를 받아 '칭찬받고 싶어서' 학습 의욕을 느끼는지의 차이입니다.

보상이 아이의 의욕을 꺾는다

이러한 동기의 다름은 매우 큰 차이를 낳습니다.

심리학 연구에서 밝혀진 자기결정성 이론의 가장 중요한 포인트는 내발적 의욕을 갖춰야 한다는 것입니다.

중요한 내용이므로 좀 더 상세히 설명해보지요. 먼저 이해해야 할 포인트는 다음과 같습니다.

외발적 의욕은 내발적 의욕을 꺾는다는 것입니다.

다음과 같은 경우를 상상해봅시다. 초등학교 4학년생인 겐토는 얼마 전부터 하기 시작한 컴퓨터 타자 연습에 푹 빠져 있습니다. 이 경우는 타자 연습 자체에 흥미를 느끼는 것이므로 내발적으로 동기부여된 상태입니다.

그런데 여기서 "다음 단계까지 모두 성공하면 용돈을 줄게"라는 말을 부모에게 들었다고 합시다. 겐토가 내발적 의욕을 느끼고 있는 와중에 굳이 '용돈'이라는 외발적 보상이 주어진 것입니다. 이 말 한마디가 겐토의 의욕에 어떤 영향을 미칠까요?

지금까지의 자기결정성 이론에 따르면, 겐토는 이제 용돈 없이는 타자 연습을 하지 않게 될 수도 있습니다. 즉 겐토가 원래 품고 있던 타자 연습에 대한 내발적 의욕이 용돈이라는 외발적 보상으로 꺾여버리는 것입니다. 무엇보다 한번 그렇게 되면 외발적 의욕인 용돈 없이는 타자 연습할 마음이 생기지 않게 됩니다.

이런 마음의 경향은 20세기 말에 발견되어 자기결정성 이론이 각광받는 계기가 되었습니다.[5]

그런데 외발적 보상으로 의욕이 생기거나 긍정적인 기분이 되는 것이 나쁜 일일까요? 특히 결과에 쫓기는 각박한 AI 시대를 사는 우리가 외발적 보상에 기분이 좌지우지되는 것은 피하기 어려운 현실처럼 보입니다.

그럼에도 외발적 보상을 할 때는 주의해야 합니다. 왜냐하면 외발적 보상에 근거한 자기 긍정감은 단기적으로는 높은 효과를 기대할 수 있지만 장기적으로 의존하면 몸과 마음에 악영향을 미치기 때문입니다

경제적인 동기부여를 요구하는 사람은 전반적으로 자기 긍정감이 낮고 부정적인 사고에 빠지기 쉬워 우울증

이나 불안감을 잘 느낀다는 연구가 있습니다.[6] 지위나 외모를 좇는 경우도 마찬가지입니다. 친구, 연인, 가족 등 인간관계에 문제가 생길 뿐만 아니라 정신적인 측면 이외에도 두통이나 어깨 결림 등, 신체에도 안 좋은 영향을 준다는 보고가 있습니다.[7] 특히 아직 자기 결정력이 떨어지는 청소년기에 외발적 보상을 추종하면 담배나 술, 약물 등에 의존할 위험이 높아진다는 연구 결과도 있으니 주의해야 합니다.[8, 9]

다시 말해, 외발적 보상으로 인한 동기부여는 일시적이며, 몸과 마음을 해칠 수도 있다는 것입니다.

용돈 작전을 효과적으로 사용하는 심리학적 방법

다만, 외발적 보상이 일시적으로 아이의 의욕을 강하게 끌어올린다는 점도 간과할 수 없는 사실입니다. 용돈으로 보상을 하면 아이가 해야 할 일을 하기에 외발적인 동기부여를 활용하는 것도 바쁜 돌봄 현장에서는 어쩔 수 없습니다. 또 아이가 의욕이 전혀 없거나 해야 할 일을 너무 싫어할 때는 벌이나 보상 등 외발적 동기부여 외에 달리 방도가 없어 보이기도 합니다.

아이의 내발적 의욕과 외발적 의욕에 대해서는 다음 두 가지를 살펴보시기 바랍니다.

먼저, 의욕의 유무뿐만 아니라 무엇에 의욕적인지를 차분히 관찰합시다. 하는 일 자체가 만족스러워 내발적 동기부여가 작동하고 있는지, 아니면 보상이 목적인 외발적 동기부여가 작동하는지 보는 겁니다.

대화를 통해 아이가 무엇에 의욕적인지 차분히 알아보는 것도 좋습니다. 만일 아이가 내발적 의욕을 품고 있다면, 그 의욕을 꺾지 않도록 외발적 보상은 제공하지 말고 참고 지켜봐주는 게 좋습니다. 만약 자녀의 의욕이 외발적 보상이나 벌에 의한 동기부여에서 비롯된다면 서서히 외발적 보상이나 벌을 배제해가는 계획을 세웁시다.

보상의 빈도 및 양을 줄이거나 비정기적으로 주는 방식이 더 효과적입니다. 하지만 유감스럽게도 장기간에 걸쳐 외발적 보상에만 의욕을 보인다면 현재의 훈육법을 계속 이어갈지 다시 생각해보아야 합니다.

의욕이 없는 아이를 위해 부득이 일시적으로 외발적 동기부여를 활용하는 경우라도 애초에 외발적 보상이나 벌의 빈도를 서서히 줄이겠다는 계획을 세워야 합니다. 보상의 빈도나 양을 조절하는 동안에 아이가 진짜 즐거움을 찾을 수 있도록, 과제의 의의나 즐거움을 이야기해 줍시다.

심리학적으로 올바른 아이 칭찬법

칭찬도 용돈만큼 외발적 동기부여에 효과적입니다. 칭찬법에 대해서는 '칭찬하면 좋다' '나쁘다'를 비롯해서 그 구체적 실천법까지 다양한 연구가 이루어져 왔습니다.

여기서는 사회심리학자이자 스탠퍼드대학교 마크 레퍼 교수와 그 제자인 리드 칼리지의 제니퍼 헨더롱 교수가 고안한 '칭찬법' 연구[10]를 바탕으로 아이를 칭찬할 때 생각해야 할 네 가지 포인트를 정리했습니다.

먼저 칭찬에 진실성이 있느냐 없느냐가 중요합니다.

거짓말이라면 아이를 칭찬해도 의미가 없습니다. 아이가 금방 알아차리니 오히려 역효과가 납니다. 칭찬의 중요성에 심취한 나머지 본심이 아닌 말을 하지 않도록 조심합시다.

진심 어린 칭찬도 너무 추상적이거나 과장해서는 안 됩니다. '완전 천재네!' 하고 치켜세워도 아이는 곧바로 자신보다 대단한 사람이 있음을 알게 됩니다. 칭찬이 현실과 상반된다는 사실이 들통나면 칭찬의 진실성이 사라지고 맙니다.

기본으로 돌아가서 어떻게 하면 아이에게 진심 어린 칭찬을 할 수 있을지를 생각해봅시다.

결과와 노력 중
어느 쪽을 칭찬하는 것이 효과적일까?

먼저 무엇을 칭찬하느냐가 중요합니다.

아이가 해낸 일에 대한 결과를 칭찬할 때는 주의해야 합니다. '잘했네!'라고 칭찬해주고 싶은 마음은 부모로서 당연한 욕구이지만, 해낸 일만 칭찬하면 아이는 칭찬받을 수 있는 행동만 하려고 합니다. 그 결과 당연히 할 수 있는 쉬운 일만 하거나, 해낼 수 있을지 모를 어려운 일에 직면하면 부담을 느끼고 의욕을 상실하기도 합니다.

그러므로 결과를 과하게 칭찬하기보다는, 노력을 칭찬하는 게 효과적입니다. 가령 성적을 칭찬할 때는 수학 실력이나 똑똑함을 직접적으로 칭찬하는 것이 아니라 "열심히 노력하더니 잘하게 되었구나!" "신경 써서 하니까 혼자서도 할 수 있게 되었네!" 하고 칭찬해봅시다. 다시 말해, 성과가 아니라 노력의 과정을 칭찬하는 것입니다.

노력도 너무 강조해서는 안 됩니다. 뭐든 균형이 중요합니다. 수학을 좋아하는 초등학교 3학년 아리사의 예를 들어보겠습니다. 아리사는 상급반 문제집을 선행 중이지만 힘들이지 않고 즐겁게 풀어냅니다. 이를 본 선생님이 아리사의 노력을 칭찬하려고 "정말 열심히 했구나!" 하고 한마디 건넸습니다. 하지만 선생님이 칭찬한 그 문제는 아리사에게는 노력이 필요 없는 간단한 내용이었습니다. 잘못된 칭찬에 아리사는 혼란스러워졌습니다.

어쩌면 선생님이 자신을 이해하지 못하고 있다고 생각할지도 모릅니다. 오히려 '내가 필요 이상으로 열심히 하고 있나?' 하며, 저 정도 문제는 열심히 하지 않고도 풀 수 있어야 한다는 메시지로 받아들일 수 있습니다. 잘못하면 아리사에게 자기 능력에 대한 의구심을 심어줄 수도 있습니다.

이런 사태를 피하기 위해서라도 칭찬은 그 진실성이 중요합니다. 노력을 칭찬할 때도 진심이 잘 전달되도록 유의합시다.

목적이 있는 칭찬은 좋지 않다

칭찬할 때 세 번째로 주의해야 할 점은 목적을 이루려고 칭찬해서는 안 된다는 것입니다. 칭찬하는 이유를 솔직한 심정으로 돌아봅시다. 순수하게 마음을 전하거나 교육적 지원 등의 자연스러운 목적이라면 문제없지만, 칭찬이 아이의 행동을 통제할 목적이라면 아이는 금방 알아차리고 맙니다. 그렇다면 이후 순수한 마음으로 칭찬해도 의심을 사게 되며, 결과적으로 아이와의 관계가 껄끄러워집니다.

만일 아이를 칭찬해서 통제에 성공했다고 해도 문제는 남습니다. 이 경우에는 아이가 칭찬을 기대하며 행동하므로 칭찬이 없으면 움직이지 않으려고 합니다.

또한 칭찬이라는 보상으로 이루어지는 통제가 장기간 지속되면 외발적 의욕의 위험성이 몸과 마음에 영향을 미칠 수 있습니다.

동기부여를 위한 비교는 금물

마지막으로 주의할 점은, 내 아이와 다른 아이의 능력을 서로 비교하지 말아야 한다는 것입니다.

아이의 성과를 칭찬할 때, "반에서 1등이야!"라든가 "○○보다 잘했네" 등과 같은 말을 무심코 던지는 경우가 많습니다.

어쩌면 이런 '비교'로 아이가 자기 일에 열성을 낸 경험을 하신 분이 있을지도 모릅니다. 실제로 사회적 비교에 의한 칭찬이 아이에게 일시적으로 강한 동기부여가 된다는 것은 지금까지의 연구에서도 밝혀졌습니다.

하지만 문제는 장기적인 의욕으로 이어질 수 있는지 여부입니다. 인생에는 변화가 따르기 마련이라 아이의 학교나 학원이 바뀌고 성적이나 등수가 나빠지는 일은 언제라도 일어날 수 있습니다. 또한 칭찬받을 정도로 등수가 올랐다는 것은, 아이가 좀 더 경쟁이 치열한 환경에 놓였다는 얘기고, 따라서 지금까지와는 달리 실패를 맛볼 수도 있습니다. 지금 다니는 학교에서는 학급 등수가 5등이었는데 전학 갔더니 10등으로 밀려났다는 이야기는 흔한 사례입니다.

비교로 동기부여가 된 아이는 상황이 변하면 의욕도 쉽게 꺾입니다. 만일 상황의 변화가 없더라도 주변과의 비교는 공부의 결과가 그 시발점이므로 외발적 의욕에 해당합니다. 또 주변과의 비교로 얻은 의욕도 장기적으로 보면 아이의 몸과 마음에 좋지 않습니다.

부모의 단정은 아이에게 저주와 같다

칭찬법 이외에도 부모가 아이와 대화할 때 주의해야 할 점이 있습니다. 그것은 단정 짓고 강요하지 않는 것입니다. "넌 여자아이니까 문과가 맞아"와 같이 무심코 하는 말에는 늘 위험 요소가 있습니다.

이것을 이해하려면 '고정관념 위협stereotype threat'이라는 개념을 알아둘 필요가 있습니다. 이는 스탠퍼드대학교 심리학 교수 클로드 스틸의 연구팀이 연구해 폭넓게 알려진 중요한 주제입니다.

고정관념이란 인종이나 성별, 나이 등에 대한 단순하고 지나치게 일반화된 생각들을 말합니다.

'이 인종은 저 인종보다 뛰어난 운동신경을 지녔다' '남자가 여자보다 이공계 분야에서 더 우수하다'와 같은 고정관념은 과학적으로 그 오류가 입증되었지만 아직도 우리 사회에 뿌리 깊게 남아 있습니다.

고정관념 위협이란, 부정적이고 잘못된 고정관념도 그것을 의식하는 순간, 사람의 행위에 영향을 미친다는 개념입니다. 가령 '여성은 이과에 적합하지 않다'는 생각은 잘못된 고정관념이지만 여전히 우리 사회에 만연합니다.

예를 들어 여고생인 사쿠라가 수학 시험을 본다고 합시다. 시험지에 자신의 성별을 체크하는 항목이 있어 사쿠라는 '여성'에 체크한 뒤에 문제를 풀기 시작합니다.

매우 흥미로운 사실은 사쿠라가 자신이 여성임을 의식하고 문제를 풀었을 때, 그렇지 않은 상황일 때보다 성적이 떨어지기 쉽다는 것입니다.[11] 비록 순전한 고정관념이라도 그것을 의식하면 무의식에 압박을 주어, 과제 수행력에 영향을 미치기 때문입니다.

이러한 고정관념 위협은 인종이나 성별, 나이뿐만 아니라 다양한 범주에 존재하는 것으로 알려졌습니다. 고정관념에서 비롯된 꼬리표는 아이의 능력을 단정 짓고 의식하게 만들어 고정 마인드셋으로 이어지는 결과를 초래합니다. 실제로 '○○는 원래 수학을 못하니까' '××는 몸치니까' 등과 같은 부모나 교사의 일상 속 무심한 말이 아이의 능력치에 한계를 강요해 고정 마인드셋을 유발한다는 사실은 지금까지의 연구에서도 밝혀졌습니다.[12]

따라서 아이의 능력이나 성격을 단정 짓고 앞으로도 변할 수 없는 성질인 것처럼 말하고 있지는 않은지 충분히 살펴야 합니다.

앞서 설명드린 바와 같이 고정 마인드셋은 아이의 성장에 족쇄로 작용합니다. 따라서 아이가 성장 마인드셋을 갖출 수 있도록 돕는 게 좋겠지요.

이런 이유로 "넌 왜 그리 공부를 못해?"라는 말로 아이를 키우면 정말로 공부를 못하게 된다는 것을 명심합시다.

긍정적인 단정도 주의해야 한다

부정적인 고정관념뿐만 아니라 긍정적인 고정관념도 주의해야 합니다. 가령, 'ㅇㅇ는 어렸을 때부터 국어를 잘했어, 여자니까' 'ㅇㅇ는 아빠를 닮아 공부를 잘하네'라는 식으로 아이를 대한다고 합시다.

이런 말들은 긍정적이지만, 성별이나 핏줄 등 태생적으로 주어진 조건을 꼬리표로 달고 있습니다. 이미 주어져 바꿀 수 없는 것에 대한 긍정적인 기대는 때때로 필요 이상의 압박이 될 수 있습니다. 국어 성적이나 등수가 떨어지면 '여자인데 국어를 못하다니. 한심하네!' '난 왜 아빠처럼 공부를 못 하지?' 하고 느낄지도 모릅니다. 이런 경우라면 바꿀 수 없는 자신의 타고난 특성을 긍정적으로 받아들이고 있다 해도, 그게 오히려 큰 부담으로 작용하기도 합니다.

이처럼 긍정적인 단정도 간과할 수 없는 위험을 내포하고 있습니다. 부정적이든 긍정적이든 내가 아이에게 꼬리표를 붙이고 있지 않은지 평소에 생각해보는 게 좋겠지요.

절대로 해서는 안 되는 최악의 말

아이가 틀렸을 때는 어떤 식으로 말하는 게 가장 좋을까요? 1장에서 언급했듯 틀렸을 때가 학습에 가장 좋은 기회입니다.

이런 상황에서 부정적인 말로 윽박지르면 아이는 움츠러들고 맙니다. 최고의 학습 기회를 놓칠 뿐만 아니라 배우고자 하는 아이를 위축시킬 수 있습니다. 무엇보다 실수를 무조건 회피하려는 습관을 만드는 최악의 상황을 초래합니다. 몇 가지 잘못된 말을 예로 들어 살펴봅시다.

"왜 그런 간단한 문제도 못 푸는 거야?"

홧김에 무심코 내뱉는 심한 말 중 하나입니다. 처음부터 '그런 간단한 문제'라고 단정하는 부분이 좋지 않습니다. 아이 스스로 '간단한 문제도 못 푸는 사람'이라고 인식하면 공부에 흥미를 잃어버릴 테지요.

학습 난이도와 교재 수준은 아이의 현재 진도와 능력에 맞추어야 합니다. 부모가 정한 난이도에 아이를 억지로 맞추는 것은 이치에 맞지 않아 역효과가 생깁니다. 만약 교재 수준이 자녀의 현재 학습 진도에 맞지 않는다면 자녀를 닦달할 것이 아니라 필요한 수준에 도달하기 위한 구체적인 지원 방안을 생각하거나, 현재의 교재가 자녀에게 적합한지 재평가하는 쪽으로 생각해야겠습니다.

"정말 실망이야."

'실망'과 같이 부정적인 주관을 일방적으로 표현하는 것도 좋지 않습니다. 열심히 공부하고 노력한 결과가 고작 내게 소중한 사람을 실망시키는 일이었다는 판단이 들면 학습 의욕이 꺾일 뿐입니다.

아이가 문제를 틀렸거나 학습 평가가 기준에 못 미친다고 해도 주관에 근거한 부정적인 표현은 삼가야 합니다. 보다 객관적인 시각으로 접근해서 어디가 어떻게 잘못되었는지를 설명하고 아이가 다음 단계로 넘어가도록 도움 주는 게 좋습니다.

"다시 해봐."

물론 반복 연습이 필요한 학습 과정도 있습니다. 하지만 단순한 반복 지시는 아이에게 곤혹스러움만 안겨줍니다. 반복을 지시한다면 두 번째 도전을 위한 조언이나 성공할 수 있는 방법을 알려주고 재도전을 재촉하는 게 효과적입니다. "다시 해봐"라는 말은, 아이 입장에서는 어떻게 하면 좋을지 모르기 때문에 학습에 대한 혐오감만 키울 수 있습니다.

아이가 틀렸을 때 건네는 올바른 말

문제를 풀다가 틀리더라도 우선은 아이의 도전 자체를 칭찬해줍니다. 교재의 수준이 높았음에도 도전했다거나 실수로 새로운 배움을 얻을 수 있는 기회가 생긴 것에 대해서 긍정적으로 칭찬해주는 것이 가장 좋습니다. 아이가 틀렸을 때는 아래 사항에 주의하여 말을 건네봅시다.

1. 틀렸을 때가 가장 효과적으로 배울 수 있는 순간임을 알려준다.
2. 도전한 것 자체를 칭찬한다.
3. 부정적 주관을 드러내지 말고 실수를 객관적으로 설명한다.
4. 문제가 아이의 학습 진도에 맞는지 생각한다.
5. 다시 시킬 때는 방법 및 방향성을 조언한다.

이런 점에 주의하면, 다음과 같이 말할 수 있습니다.

"어려웠지? 그래도 잘 도전했어. 이런 건 이렇게 해야 돼. 이 점에 주의해서 다시 문제를 풀어보는 건 어때?"

또, 아이가 문제를 풀 때 대뜸 "모르겠어요!"라고 말하는 경우도 생각해볼 수 있습니다. 그럴 때는 어떻게 반응해야 할까요?

모른다는 사실을 안다는 것은 그 문제에 대해 나름대로 생각해봤기 때문이니 일단은 그 태도를 인정해주는 것부터 시작입니다. 그런 다음에 문제에 대해 설명하고 조언하거나 힌트를 줍시다.

"모르겠어요!"가 단순히 공부하기 싫다는 의사 표현인 경우도 있습니다. 그렇다면 현재의 학습 방법이나 조건이 아이에게 적합하지 않다고 가정하고 바꿀 점은 없는지 생각해봅시다.

2장
요약

---

15 — 의욕의 원천이 되는 '마음의 3대 욕구'는 사람과의 연결(관계성), 자신이 무엇인가를 할 수 있다는 감각(유능감), 스스로 결단한 일을 자신의 의지로 하고 있다는 감각(자율성)이다.

16 — '마음의 3대 욕구'를 충족할 수 있는 환경 설정을 위해 고려해야 할 점

- 친구 혹은 어른과 협조하거나 접촉할 기회가 있는가?
- 성취감을 얻을 수 있는가? 당장은 아니지만 할 수 있는 일인가?
- 명령으로 강요하지 않는가? 지나치게 세세하게 간섭하여 자율성을 방해하지는 않는가?

17 — '내발적 의욕'은 하는 일 자체에 동기부여가 된 상태. '외발적 의욕'은 한 일에서 비롯된 결과에 대한 의욕이다.

18 — 외발적 의욕은 단기적으로 효과적이지만 장기적으로 의존하면 몸과 마음에 악영향을 미친다.

19 — 아이가 무엇에 의욕을 보이는지 차분히 관찰하고 내발적 의욕이 나타날 때는 외발적 보상을 참는다. 아이가 외발적

보상이나 벌에 반응한다면 서서히 외발적 보상이나 벌을
줄인다.

20 — 진심 어린 칭찬: 과장되고 추상적인 칭찬은 피한다.

21 — 노력에 대한 칭찬: 결과만 과하게 칭찬하면 아이는 할 수 있
는 일만 하려고 한다. 노력과 과정을 칭찬하자.

22 — 통제를 위한 칭찬은 금물: 칭찬을 이용해 아이를 조종하려
는 것은 금물이다. 아이는 금세 눈치챈다.

23 — 비교로 의욕 키우기 금물: 주위와 비교하는 칭찬은 결과나
재능을 칭찬하는 것보다 더 나쁘다.

24 — 고정관념에 빠지면 성과가 떨어진다. 마찬가지로 아이에게
꼬리표를 붙이면 과제 수행에 악영향을 줄 수 있다.

25 — 아이가 틀렸을 때 말 걸기 포인트

- 틀렸을 때가 가장 효과적으로 배울 수 있는 순간임을 알
려준다.

- 도전한 것 자체를 칭찬한다.

- 부정적 주관을 드러내지 말고 실수를 객관적으로 설명
한다.

- 과제가 아이의 학습 진도에 맞는지 생각한다.

- 다시 시킬 때는 문제 해결 방법 및 방향성에 대해 언급
한다.

3장

성장하는 아이로 키우기 위해
부모가 해야 할 일

훈육이냐 자율이냐

"아이가 말을 듣지 않아요. 뭐든 자기 마음대로 하려고
하는데 어쩌죠?"

"숙제, 집안일 돕기 등 해야 할 일과 해줬으면 하는 일
에 딴청으로 일관해요."

흔한 육아 고민입니다. 어떻게 대응하는 것이 최선일
까요? 해결법은 크게 두 가지인데 둘 다 그럴듯해서 누
구나 고민하게 됩니다.

먼저 '훈육파'의 접근법입니다.

'아이가 말을 듣지 않을 때는 엄하게 야단치거나 벌을 준다. 나쁜 행동은 나쁘다고 확실히 가르치고, 죄책감을 심어줘야 아이가 옳고 그름을 이해하는 성숙한 어른이 된다. 이게 아이의 장래를 생각하는 제대로 된 훈육이다.'

다소 극단적이지만 이 방법도 일리 있게 들립니다. 꾸중과 벌이 아이의 마음에 미칠 영향도 걱정되지만, 실제로 훈육파 방식으로 아이의 행동을 개선해서 말을 잘 듣게 했다는 사례도 많습니다. 상당히 설득력이 있는 육아법이라고 할 수 있습니다.

반면에 '자율파'는 이와 대조적인 방법입니다.

'아이가 말을 듣지 않는 것도 아이 나름의 자아 표현이다. 그런 만큼 아이의 자발적인 마음을 무시하거나 행동을 너무 구속해서는 안 된다. 야단치거나 벌을 주는 식으로 접근하는 것은 효과적이지 않다. 아이의 기분과 선택을 최대한 이해하고 존중하는 것이 중요하며, 도저히 안 되는 것도 끈기 있게 아이의 눈높이에서 설명해야 한다.'

이 방법도 그럴싸합니다. 물론 아이의 입장에서 아이

의 기분과 선택을 존중하고 싶습니다. 당장 야단치거나 벌을 주는 것보다 참을성 있게 아이의 자율성을 키워주는 것이 장기적으로 볼 때 이상적일 수 있습니다. 문제는 과연 끝까지 지켜낼 수 있는가 입니다.

과연 훈육파와 자율파 중 어느 쪽이 아이의 미래를 위한 육아법일까요? 지금까지의 연구에 따르면 어느 한쪽의 방법에 치우치면 아이의 장래에 좋지 않다고 합니다.

이제부터 과학이 내놓은 답변을 상세히 설명하겠습니다. 그 답변을 이해하고 육아에 활용해보시기 바랍니다.

성장하는 아이를 키우는 부모가 피하는 육아법

아이에게 '이렇게 해라, 저렇게 해라' 통제하고, 위협하거나 야단치며 때로는 힘으로 제압하는 부모도 있습니다. 아이를 위하면 위할수록 자신도 모르게 '이것도 해야 하고 저것도 해야 한다며' 잔소리하고 마는 것 또한 부모의 마음입니다.

이런 육아법을 '통제형^{controlling}' 육아라고 합니다. 사실 통제형 육아는 아이의 몸과 마음에 매우 좋지 않음이 밝혀졌습니다.

왜 그럴까요? 2장에서 설명한 '마음의 3대 욕구'를 떠올려봅시다. 인간의 마음은 근본적으로 '관계성' '유능감' '자율성'을 요구합니다. 그것이 채워지면 심리적 만족을 느낄 수 있습니다.

그런데 통제형 육아로 아이에게 '이렇게 해라, 저렇게 해라' 하고 지시하면 마음의 3대 욕구 중 하나인 '자율성'을 침해하게 됩니다.

자율성을 침해당한 아이의 반응은 두 가지 유형으로 나뉩니다.[1]

하나는 부담감에 괴로워하면서도 참고 따르는 유형입니다. 부모의 통제를 꺼리면서도 마음속으로 참고 받아들이기 때문에 이 유형을 '내면화^{internalization}'라고 부릅니다. 아이가 부모의 통제를 내면화하면 불안증[2]이나 우울증[3], 섭식 장애[4] 등의 위험이 높아지는 것으로 알려졌습니다.

다른 하나는 부모의 통제를 거부하는 유형입니다. 이

유형은 부모의 통제를 받아들이지 않기 때문에 '내면화'의 반대인 '외면화externalization'라고 부릅니다. 아이가 부모의 통제를 외면화하면 감정 통제가 어렵거나[5], 반사회적 행동[6]으로 이어집니다.

즉 두 유형 모두 아이의 미래에 악영향을 미치는 결과를 초래합니다.

이처럼 과도한 통제형 육아는 아이의 몸과 마음, 나아가 사회적 위협으로까지 이어진다는 사실이 최신 연구로 밝혀졌습니다.

혹하기 쉬운 최악의 육아 습관 세 가지

지나친 훈육파 육아가 좋지 않다는 사실을 알았습니다. 그럼 구체적으로는 어떤 점을 조심하면 될까요? 우선, 통제형 육아의 세 가지 전형적 유형[7]을 알아봅시다.

1. 벌로 위협한다

"공부 안 하면 게임도 하지마!"

"싸우면 간식도 없어!"

바쁜 일상을 보내며 육아를 하다보면 무심코 이런 말을 할 때가 있습니다. 아이에게 뭔가를 시킬 때, 벌로 좋아하는 일을 못하게 하거나 싫어하는 일로 위협합니다.

위협은 도덕적으로도 올바르지 않을 뿐만 아니라 과학적으로도 아이의 몸과 마음의 성장에 악영향을 미치므로 하지 않는 것이 상책입니다.

2. 과도한 기대로 압박한다

"△△는 ○○가 특기니까, 반에서 1등 할 수 있어!"

아이의 성적이나 결과를 순수하게 칭찬해주고 싶지만, 무심코 기대를 섞어 말할 때가 있습니다. 칭찬할 때 결과를 거론하거나 비교하면 좋지 않다는 것은 2장에서 설명한 바 있습니다. 결과를 칭찬하거나 다른 아이와 비교하지 않았다고 해도 아이에게 부모의 기대를 강요하는 것은 금물입니다.

"○○라면 해낼 수 있으니까 해보렴."

부모의 높은 기대는 아이에게 부담으로 작용합니다. 그 결과, 스스로 생각해서 행동한다는 감각이 사라지고

부모의 기대가 압박으로 작용해 통제받는 행동에 길들
여집니다.

이처럼 과도한 기대로 압박하는 것도 통제형 육아의
전형적인 사례입니다. 부모의 과도한 기대는 아이를 통
제받기 쉬운 성향으로 만듭니다. 무심코 일상 속에 녹아
든 육아 습관이 과학적으로는 바람직하지 않을 수 있습
니다.

3. 죄책감을 심어준다

"뭐 하는 거니? 왜 모르는 거야?"

아이가 반복적으로 말을 듣지 않으면 그만 발끈해서
야단치고 맙니다. 흔한 육아 풍경이지만 이런 방식도 좋
지 않다는 게 지금까지 축적된 심리학 연구로 밝혀졌습
니다. 이런 패턴은 통제형 육아의 전형이며, 아이가 죄책
감이나 수치심의 통제를 받기 쉬워집니다.

해서는 안 되는 일을 제대로 전달하는 것과 강한 죄책
감이나 수치심을 심어주는 감정적 훈육은 전혀 다릅니
다. 아이가 죄책감이나 수치심에 통제받아서 생각하거
나 행동하게 하지 말고, 자발적으로 생각해서 행동하고

선택할 수 있게 도움을 주어야 합니다.

통제형 육아는 장기적 효과가 없다

지금까지의 설명이 머리로는 이해가 되지만 그저 이상론에 불과하다고 생각하는 분이 있을지 모릅니다. 물론, 평소에 조심해서 통제형 육아의 세 유형을 피하려고 해도 자신도 모르게 그만 벌을 주거나 압박하고 죄책감을 심어주는 상황이 생길 수 있습니다.

한 예로 식사 중 스마트폰 사용에 대해서 생각해봅시다. 아무리 잘 설명해도 식사하면서 항상 스마트폰을 만지는 아이가 있습니다. 상냥하게 이야기해도 잘 듣지 않지요. 좋은 말로는 고쳐질 것 같지 않아 강하게 혼냅니다. 그랬더니 식사 중에는 스마트폰을 하지 않습니다. 이처럼 야단치거나 위협하면 아이가 말을 듣는다는 이유로 무심코 통제형 육아를 하곤 합니다.

통제에는 위협만 있는 것은 아닙니다.

예를 들어 아이가 숙제를 하지 않는다고 합시다. 스스

로 해야 할 숙제인데도 과장되게 칭찬하거나 용돈을 줍니다. 보상 작전으로 아이의 습관을 바꿨다는 부모도 많습니다. 실제로 위협이나 벌, 용돈을 이용해 상당히 효과적으로 아이의 행동을 바꿀 수 있습니다. 왜냐하면 앞서 말씀드린 '외발적 의욕'이 일시적으로는 매우 강하게 작용하기 때문입니다. 도저히 아이가 해야 할 일을 하지 않을 때, 통제형 육아를 하게 되는 이유입니다. 이외에는 방법이 없다고 생각할 수도 있습니다. 하지만 외발적 의욕은 장기적인 관점에서 아이에게 좋지 않습니다.

통제형 육아는 단기적으로는 효과적일지 몰라도 자주 활용하는 것은 바람직하지 않습니다. 통제형 육아의 습관이 있다면 의식적으로 그 빈도를 줄이도록 노력해야 합니다.

통합적 성장을 가능하게 하는 자율성

통제형 육아가 최대한 피해야 할 그릇된 육아라면 자율파 육아는 어떨까요? 다음 설명을 살펴보시면 매우 대

성장하는 아이로 키우기 위해 부모가 해야 할 일

조적임을 알 수 있습니다. 자율파 육아로 아이의 자율성,
즉 '스스로 하려는 마음'을 키워주면 다양하고 긍정적인
효과를 기대할 수 있습니다.

- 행복감이나 자기 긍정감이 상승한다.[8]
- 사회공헌에 대한 의욕이 높아진다.[9]
- 호기심과 의욕이 강해진다.[10]
- 자신감이 향상된다.[11]
- 성적이 오른다.[12]
- 학교가 좋아져서, 더 노력하게 된다.[13]

이처럼 '자율파'의 자율 지원형 육아는 아이에게 심적
안정감과 건전한 사회성을 길러줄 뿐만 아니라, 성적 등
학교에서의 성과까지도 향상시킬 수 있습니다.

그럼 왜 자율 지원형 육아가 아이에게 좋은 영향을 주
는 걸까요? 그것은 '자율성'이 마음의 3대 욕구 중 하나
이기 때문입니다. 마음이 스스로 우러나도록 가르쳐야
아이가 안정되어 자신감도 생깁니다. 그 결과로 성과가
향상되어 '유능감'으로도 이어지고요. 게다가 부모가 자

율 지원형 육아를 우선하면 부모와 자식 간의 바람직한 '관계성'도 기대할 수 있습니다.

자율 지원형 육아는 마음의 3대 욕구를 모두 충족할 수 있고, 아이에게 이상적인 마음 상태를 유도할 수 있는 것입니다.

'스스로 한다'는 제멋대로나 자유분방과 다르다

아이를 마음대로 하게 내버려두면 제멋대로인 아이가 되지 않을까요? 하고 걱정하시는 분도 계실지 모르겠습니다. 그러나 여기서 알아야 할 것은 '자율성'이 '제멋대로'나 '제한 없는 자유'를 의미하지는 않는다는 것입니다.

실제로 자발적으로 주위와 좋은 관계를 맺으며 협조하고 규칙을 적극적으로 따르는 경우도 있습니다. 가령 신호등이 빨간불일 때 멈추는 것은 규칙이기도 하지만, 멈추지 않으면 위험하다는 걸 알고 스스로 선택한 일이기도 합니다.

그렇기 때문에 '자율성'과 '제멋대로'는 전혀 다른 개념인 것입니다.

그럼 반대로, 자율에 맡기는 것에 대해 아이가 불쌍하다는 견해는 어떨까요? 아직 어린아이가 누구에게도 의지하지 않고 스스로 하다니 얼마나 힘들까? 하고 생각할 수도 있습니다. 그러나 마찬가지로 '자율성'은 '고립이나 독립'과 구별해서 생각해야 합니다.

스스로 원해서 남의 도움을 받거나 적극적으로 주변과 협력해서 원하는 바를 성취하는 사람도 많습니다. 그런 행동도 마찬가지로 자신의 의사에서 비롯된 자율적인 행동입니다.

모두가 주목하는
자율 지원형 육아란?

그렇다면 자율 지원형 육아는 어떻게 해야 할까요?

자율 지원의 기본적 요소는 공감, 설명, 자기결정입니다. 이 세 가지 요소는 지금까지의 심리학 관련 연구에

서 자율 지원형 육아의 기본으로 주목받아왔으며, 그 효과도 충분히 입증되었습니다.[14]

아이가 할 일을 두고 딴청 피우는 상황을 상상해봅시다. 숙제든 방 청소든 상관없습니다. 이런 상황에서 공감, 설명, 자기결정이라는 자율 지원형 육아의 세 요소를 어떻게 활용하면 좋을지 알아보겠습니다.

자율 지원의 기본 요소 1. 공감부터 시작한다

하기 싫은 아이에게 "왜 안 해? 해!"라고만 다그치면 아이도 감정이 상해서 서로 대립하는 상황이 연출됩니다. 그러면 가뜩이나 싫은 일인데 더 싫어집니다. 결과적으로 부모와 자녀의 관계도 악화됩니다. 여기에 더해 억지로 벌을 주거나 강요하고 위협해서 죄책감을 심어주면 어느새 통제형 육아로 변질됩니다.

아이가 하기 싫어할 때는 먼저 싫다는 아이의 마음을 헤아리고 공감하는 것부터가 시작입니다. 일단은 "싫구나. 그래 힘들지?" 등 싫고 힘들다는 아이의 기분을 이해한다는 취지의 말을 상냥하게 건넵니다.

하지만 그렇다고 해서 하지 않아도 된다고 인정하라

는 것이 아닙니다. 어디까지나 아이의 싫은 마음을 잘 알고 있음을 표현하는 것입니다.

이렇게 공감을 표시했다면 아이의 마음이 다소 진정되었을 때 왜 하기 싫은지 차분하게 들어봅시다. "왜 그렇게 생각해?"라고 물어도 대답이 없다면 "피곤해서 그런 거지?" "어떻게든 게임이 하고 싶어서 그런 거야?" 등 상냥한 말투로 아이가 왜 그렇게 생각하는지 추측한 것을 확인해봅니다. 그러면 아이도 부모가 자신의 기분을 이해하려고 노력한다는 것을 알 것입니다.

<u>힘든 일도 해냈다는</u>
<u>기분이 들도록 하는 법</u>

이어서 나머지 자율 지원형 육아의 기본 요소 두 가지도 살펴보도록 하겠습니다.

자율 지원의 기본 요소 2. 왜 해야 하는지 설명한다

"해야 할 일이니까 해!"라며 강요할 게 아니라 아이가 이해할 수 있도록 왜 해야 하는지 설명해줍니다. 왜 해야 하는지를 아이와 함께 생각하거나 아이 스스로 생각하게 해도 좋습니다. 어떤 일을 해야 하는 이유를 깨닫도록 하는 게 내발적 의욕을 이끌어내는 첫걸음입니다.

또한 "지난번에도 싫었지만 해냈잖아? 이번에도 열심히 하면 할 수 있을 거야"처럼 아이에게 할 수 있다는 자신감을 심어주는 것도 중요합니다.

부모의 이런 태도는 아이의 유능감을 촉발시켜서 내발적 의욕을 이끌어낼 수 있습니다.

자율 지원의 기본 요소 3. 스스로 결정하도록 한다

아이가 싫어 하는 일을 해야 할 때도 반드시 직접 결정할 수 있도록 합니다.

예를 들어 같은 일을 하더라도 몇 가지 선택지를 주고 직접 결정할 수 있도록 돕는 겁니다. 그것이 숙제라면 언제 할지, 어디서 할지, 무슨 교과목부터 할지 정해야 할 것이고, 청소라면 어느 방을 어느 도구로 치울지 선택하게 하는 겁니다.

작은 선택이라도 좋으니 아이가 스스로 결정하도록

기회를 만들어줍시다. 스스로 결정하면 자율성이 향상되어 내발적 의욕을 이끌어낼 수 있습니다. 초등 고학년 이상이라면 학습 목표나 계획을 세울 수 있도록 돕는 것도 자율성을 이끌어내는 데 효과적입니다.

누군가가 제시한 계획에 통제되는 것이 아니라 스스로 결정하는 습관을 들여야 자율적으로 큽니다.

팔불출이 되지 않으면서
아이에게 상냥해지는 법

자율 지원형 육아를 설명하면 자주 듣는 질문이 있습니다. 가장 많이 듣는 질문은 다음과 같습니다.

"해야 할 일을 안 하는 아이에게 공감해주면 응석받이로 크지 않을까요?"

자율 지원형 육아가 추구하는 공감이란 어디까지나 아이의 마음을 헤아리는 것이지 같은 마음이 되라는 뜻은 아닙니다.

가령 아무리 행복한 신혼생활을 보내고 있어도 절친한

친구가 실연을 당해 울고 있다면 그 아픔을 이해할 수 있겠지요. 이처럼 내 상황은 잠시 접어두고 상대방이 느끼는 기분을 이해하는 것을 '인지적 공감'이라고 합니다.

이 부분이 자율 지원형 육아와 그릇된 응석받이형 육아의 결정적인 차이입니다.

아이를 응석받이로 키우는 육아의 최대 문제점은 부모가 아이와 똑같은 기분을 느낀다는 것입니다. '같은 기분'이라는 측면에서 '인지적 공감'과는 다르게 '동감'이라는 말로 표현을 할 수 있습니다.

아이에 대한 부모의 동감은 아이가 스스로 해야 할 일을 대신 해주는 결과를 초래합니다. 이는 부모가 대체자가 되어 아이를 온실 속 화초로 만드는 일입니다. 부모가 아이가 해야 할 일을 대체하면 아이는 익혀야 할 능력을 익힐 수 없습니다. 내일까지 제출할 숙제를 아이가 안 해서, 급한 마음에 부모가 해주면 그 순간은 모면할 수 있지만 정작 중요한 아이의 학습 능력은 키울 수 없습니다.

또, 아이에게 힘든 경험을 환경적으로 애초에 차단하는 '회피 조치'를 하면 아이는 참을성을 기를 기회를 상실하게 되겠지요.

응석받이형 육아의 세 가지 요소인 동감, 대체, 회피 조치를 범하지 않으려면 아이와 한 마음이 되는 동감부터 피하도록 합시다. 대신에 아이가 싫다고 하면 "싫구나. 그래 힘들지?"라며 아이의 기분에 맞춰 상냥하게 말하는 인지적 공감을 해줍시다. 그런 다음에는 반드시 해야 할 일은 해야 한다고 이야기하면서 자율 지원형 육아의 나머지 두 가지 기본 요소인 '설명'과 '자기결정'의 단계로 넘어가야 합니다.

육아 포기에 빠지지 않기 위해 명심해야 할 세 가지

그런데 이 응석받이형 육아와 마찬가지, 그릇된 육아로서 방임형 육아가 있습니다.

'싫다는 아이의 마음에 공감해주고 살갑게 굴면 버릇이 나빠질 텐데…. 그러면 시간이 지나도 해야 할 일을

하지 못하는 한심한 사람이 되고 말 거야. 아이에게는
좀 미안하지만 냉정하더라도 제대로 이야기해주는 게
부모의 역할 아닐까? 아무리 아이가 귀엽더라도 장래를
생각해 공감해주지 말고, 알아서 느낄 수 있도록 그냥
내버려 두는 것이 좋을지 몰라!'

자율 지원형이라고 하면 이와 같은 방임형 육아를 떠
올리는 사람이 많습니다. 이런 오류에 대해 두 가지만
지적해볼까 합니다.

먼저, 아이의 싫다는 마음에 공감을 표시하는 것과 해
야 할 일을 제대로 전달하는 것은 상반된 것이 아닙니다.

자율 지원형의 기본 개념은 "싫구나. 그래 힘든 일이
야" 하고 아이의 마음을 공감해주고, 해야 할 이유를 차
근차근 설명하는 것입니다.

그리고 또 하나, 자율 지원형 육아를 할 때 가장 중요한
점은 감정에 휘둘려 아이의 기분을 무시하거나 필요 이
상으로 고압적으로 대하지 말아야 한다는 것입니다.

'별거 아니다' '괜찮다'라며 아이가 힘들어하거나 싫
다고 느끼는 기분을 과소평가해서는 안 됩니다. 또 '게임

좀 그만해!' '아직도 숙제 안 했어?' 하고 비판하거나, 아이의 언행에 반응하지 않고 오로지 무시하는 방식도 바람직하지 않습니다.

과소평가, 비판, 거부는 방임형을 뛰어넘어 자칫하면 육아 포기로까지 이어질 수 있으며, 방임형 육아는 통제형 육아로 발전할 가능성이 높아 앞서 설명한 바와 같은 나쁜 결과를 초래하게 됩니다.

응석 부리지 않도록 가르치는 것과 감정적으로 호통을 치는 것은 서로 다릅니다. 아이의 감정을 받아들인 후 이성적으로 해야 할 일을 설명하는 자율 지원형 육아의 기본을 명심합시다.

아이가 게임과 스마트폰을 그만두지 못하는 이유

아이가 해야 할 일을 미루는 대표적인 상황이 게임을 하고 있을 때가 아닐까요? 이런 스마트 기기의 사용은 오늘날 육아의 중요한 과제라고 해도 과언이 아닙니다.

나이와 성별에 따른 차이는 있어도 대부분의 아이는 게임에 많은 시간을 소비합니다. 잘 활용하면 스트레스 해소나 학습적인 효과도 기대할 수 있지만 지나치면 해가 됩니다. 생활 리듬이 깨져 수면과 학습 시간이 부족해질 뿐만 아니라, 자칫 우울증이나 불안증 등의 정신질환[15], 약물중독[16]의 위험으로 이어질 수도 있습니다. 그럼에도 게임에 빠진 아이들이 많습니다.

아이들이 게임에 열중하는 데는 이유가 있습니다. 게임이 아이들의 마음을 근본적으로 채워주기 때문입니다. 앞서 언급한 자기결정성 이론에 따르면, 인간의 마음은 마음의 3대 욕구인 관계성, 유능감, 자율성을 요구합니다.

게임은 바로 이 세 가지 마음의 욕구를 충족시켜줍니다.

게임을 클리어하는 것으로 '유능감'이 향상되고, 자기 스스로 행동하므로 '자율성'도 충족됩니다. 게다가 온라인 게임에서는 다른 사람과의 '관계성'도 경험할 수 있습니다.[17]

즉, 아이들이 게임에 빠지는 이유는 게임이 아이들 마음의 근본적 욕구를 충족시켜주기 때문입니다.

성장하는 아이로 키우기 위해 부모가 해야 할 일

스마트폰이나 소셜미디어[SNS]도 같은 이유로 설명할 수 있습니다. '좋아요' 등이 유능감과 관계성의 욕구를 충족시키고, SNS를 사용해 정보를 공유함으로써 자율감을 느낄 수 있습니다.

그런 만큼 게임이나 SNS, 스마트폰에 빠진 아이를 변화시키는 것은 매우 어려운 일입니다.

금지 강요 육아의 함정

그렇다면 자녀가 게임이나 스마트폰을 너무 많이 하고 있을 때 어떻게 대처하면 좋을까요?

우선 억지로 아이의 스마트 기기를 뺏고 사용을 금지하는 것은 좋은 방법이 아닙니다. 왜냐하면, 어쨌건 아이가 이런 기기를 활용해 마음의 3대 욕구를 충족하고 있기 때문입니다. 충족감을 갑자기 힘으로 제거하면 아이는 마음에 구멍이 뚫린 듯 큰 상실감에 빠지겠지요. 그렇다고 마냥 그대로 둘 수만은 없는 것이 부모의 마음입니다.

'오늘은 게임을 할 만큼 했잖아. 이제 그만해!'

'SNS 중독되니까 그만해!'

'도대체 언제까지 스마트폰만 하고 있을 거야?'

아무리 조심한다고 해도 이런 말이 불쑥 튀어나오고 맙니다. 이처럼 아이의 행동을 제약할 때는 주의해야 할 점이 있습니다. 바로 '금지 강요'입니다. 금지 강요는, 가령 '게임은 안 돼' 'SNS는 안 돼' '스마트폰은 안 돼'와 같은 말만 강조할 뿐 그 외에 무엇을 해야 하는지 언급하지 않는 것입니다.

그렇다면 스마트 기기의 사용 시간을 제한하는 이유는 무엇일까요?

스마트 기기의 적당한 사용은 스트레스 해소나 교우 관계, 공부에 긍정적인 효과가 있습니다. 하지만 너무 과해서 수면 부족에 빠지고 식사까지 거르는 지경이 되어서는 안되겠지요. 게다가 공부 등 해야 할 일에 소홀할까 봐 걱정입니다. 이렇듯 스마트 기기의 사용 시간을 제한하는 이유는 건전한 생활의 균형을 깨트리지 않기 위함입니다.

그렇기에 사용을 제한하는 동시에 아이가 해야 할 일

을 알려주어야 합니다. 즉 '금지'를 강조할 것이 아니라 '균형'을 강조하는 말투로 바꿀 필요가 있습니다.

'게임만 하면 운동을 못하니까 밖에 나가서 놀까?'

'스마트폰도 좋지만 다른 것도 좀 해보자. 뭘 할까?'

이처럼 아이가 해야 할 일이나 할 수 있는 일을 제안하고, 균형 잡힌 생활을 위해 무엇을 하면 좋을지 아이와 함께 고민해보는 게 좋습니다.

신기술을 올바르게 대하는
세 가지 방법

아이와 소통하는 방법에 대한 고민에서 한 발짝 더 나아가 아이의 생활 습관을 만드는 방법에 대해서도 생각해 봅시다. 이제 스마트폰은 어른뿐만 아니라 아이에게도 친숙한 물건입니다. 스마트폰으로 동영상을 보거나 게임을 하고, SNS로 친구와 이야기를 주고받다 보면 몇 시간이 훌쩍 지나버리기도 합니다.

미국 아이들이 학교 밖에서 스마트폰이나 태블릿 등

을 보는 시간, 이른바 '스크린 타임'이 초등학생 평균 5시간, 중고생 최대 7.5시간에 이른다고 합니다.[18] 그만큼의 시간을 인터넷이나 스마트폰에 소비하지 않고 공부 등 해야 할 일을 하는 데 쓰면 얼마나 좋을까 하는 생각이 드는 것도 부모의 자연스러운 마음입니다.

한편 이런 스마트 기기들은 현대 사회에서 생활의 중요한 일부가 되었습니다. 요즘 시대에는 무엇을 하든 스마트폰이 필요하고, 특히 아이들은 앞으로도 기술이 한층 더 발달한 사회를 살아갈 것입니다.

따라서 극단적인 격리는 바람직하지 않습니다. 적당한 거리를 두면서 적당히 첨단 기술을 능숙하게 다루는 능력을 기르는 것이 중요합니다. 특히 최근에는 ChatGPT 같은 생성형 AI 도구나 메타버스처럼 사회를 크게 변화시키는 새로운 기술이 잇달아 등장하고 있습니다. 그런 가운데, 육아의 관점에서도 '아이에게 ChatGPT를 사용하게 해야 하는가?' 하는 문제의식이 대두되고 있습니다.

그런 의미에서 스마트폰이나 SNS와 마찬가지로 기술의 위험한 측면이나 단점에만 집중해서 덮어두고 금지하

성장하는 아이로 키우기 위해 부모가 해야 할 일

는 것은 효과적이지 않습니다. 스마트 기기의 장점과 단점을 명확히 이해하고 안전을 담보한 다음, 아이가 기술과 잘 어울릴 수 있도록 돕는다는 발상이 필요합니다. 그럼 여기서 아이가 기술과 잘 어울리기 위한 세 가지 팁을 소개하겠습니다.

팁1. 사용하지 않을 때는 격리한다

아이들은 공부할 때 스마트폰을 손에 들고 사용할 수 있는 상황이면 평균 6분에 한 번씩 스마트폰을 봅니다.[19] 또한 공부 중에 인터넷을 보거나[20] SNS로 불필요한 메시지를 주고받으면[21] 학습 효과나 성적이 두말할 것 없이 떨어집니다. 왜냐하면 스마트폰을 만지작거리면서 공부 등을 하는 다중작업, 즉 멀티테스킹은 효율이 떨어지기 때문입니다. 우리의 뇌는 '멀티테스킹'에 매우 서툽니다.[22]

그뿐만이 아닙니다. 스마트폰을 보지 않고 공부해도 가까운 곳에 스마트폰이 있다는 사실만으로도 집중력 및 실행력이 10~20퍼센트나 떨어집니다.[23]

그래서 업무나 공부할 때는 스마트폰을 사용하지 않

을 뿐만 아니라, 사용하고 싶은 유혹을 막기 위해 눈에 띄지 않는 곳에 멀리 두어야 합니다.

팁2. 스마트 기기 사용 시간을 지정한다

공부하는 동안에는 스마트 기기에서 격리시키되, 휴식 시간에는 스마트폰이나 게임할 수 있는 시간을 만들어줍니다.[24]

스마트 기기를 사용해도 좋은 시간을 지정해주면 집중력의 온·오프 전환이 능숙해질 수 있습니다.[25] 집중해야 할 때는 스마트 기기에서 격리하고, 그 외의 정해진 시간에는 스마트 기기를 자유롭게 사용하는 시간을 주는 것입니다.

이는 공부뿐만 아니라 하루 일과 전체에 응용할 수 있는 방법입니다. 식사 중이나 취침 시간에는 스마트폰을 다른 방에 두어 사용하지 못하도록 하고, 약속된 시간에만 사용할 수 있게 합니다. 그러면 스마트폰 게임에 빠져 말없이 식탁에 앉아 있거나 잠이 부족해 다음 날 졸음에 취해 해롱거리는 위험을 줄일 수 있습니다.

팁3. 부모가 롤모델이 된다

당연한 이야기지만, 식사 시간에 스마트폰을 하지 못하게 해놓고, 정작 어른이 눈앞에서 스마트폰을 만지작거리고 있으면 안 됩니다. 불공평함을 느낄 뿐만 아니라 눈앞에 보이는 유혹을 이겨내기 힘들기 때문입니다.

부모도 아이의 롤모델이 되어 규칙을 함께 지킵시다. 업무 때문에 꼭 사용해야 하는 상황이라면 아이의 정신이 산만해지지 않도록 다른 곳으로 이동해서 사용합시다.

스마트 기기 사용 시간을 줄이는 올바른 방법

아이의 생활 리듬이 스마트 기기에 지나치게 쏠려 있다면 아이의 스마트 기기 사용 시간을 줄여야 합니다. 1장에서 살펴본 '습관화의 뇌과학'과 이 장에서 언급한 마음의 3대 욕구를 합치면 가장 효과적으로 스마트 기기 사용 시간 줄이는 방법을 찾을 수 있습니다.

사용 시간을 천천히 줄여나가되, 줄인 만큼 아이에게

다른 형태로 마음의 3대 욕구를 충족시켜주는 것입니다. 주의할 점은 다음과 같습니다.

팁1. 2주에 15분씩 줄인다

뇌는 서서히 변하므로 그 메커니즘에 맞춰 스마트 기기 사용 시간도 조금씩 줄여나가도록 합시다. 예를 들어 스마트 기기 사용 시간을 2주마다 15분씩 줄여가는 것도 좋은 방법입니다. 그렇게 해서 조금씩 목표 시간에 가까워지도록 합시다.

팁2. 마음의 3대 욕구를 충족시키는 대체물을 마련한다

앞서 언급한 바와 같이 게임은 마음의 3대 욕구를 충족시킵니다. 그렇기에 게임 시간을 줄이면 다른 것으로 마음의 3대 욕구를 충족시켜줘야 합니다.

이를테면 다른 사람과의 관계나 스스로 할 수 있는 일, 능력을 인정받는 일 등입니다. 숙제나 심부름, 가족과 함께 놀이를 하는 등 성취감도 느끼고 다른 사람과 본인에게 도움이 되는 일을 찾도록 도와줍시다.

4장에서도 살펴보겠지만, 남을 돕는 일은 상당히 효과적입니다. 다른 사람과 힘을 합쳐 세상에 도움을 주는 일을 찾으면 더할 나위 없겠지요. 그런 대체 활동을 찾았다면, 먼저 15분 동안 실천하도록 지도합니다. 그 후에는 정한 시간만큼 스마트 기기를 사용할 수 있도록 해줍시다. 이렇게 대체 활동을 먼저 하고 스마트 기기 사용을 허락하는 게 바람직한 순서입니다.

팁3. 아이가 생각하도록 한다

어떤 대체 행동을 할지, 어떤 스케줄로 게임 시간을 줄여 나갈지 등은 아이 스스로 생각하게 합니다. 시간을 내서 대화하며 인내심을 가지고 아이가 선택하도록 유도하는 것이 이상적입니다. 이렇게 하면 아이가 유능감을 느낄 수 있어 내발적 의욕으로 이어지는 효과도 있습니다.

3장
요약

26 — 훈육이 지나치면 아이의 몸과 마음에 위협이 될 수 있다.

27 — 통제형 육아의 그릇된 유형 세 가지

  1. 벌로 위협한다.

  2. 과도한 기대로 압박한다.

  3. 죄책감을 심어준다.

28 — 자율 지원형 육아는 심적 안정감과 건전한 사회성을 길러줄 뿐만 아니라, 학업 성과도 향상시킨다.

29 — 자율 지원의 기본 요소 세 가지는 공감, 설명, 자기결정이다.

  • 기본 요소 1. 공감부터 시작한다 : 아이가 싫어할 때는 먼저 싫은 마음을 헤아려준다.

  • 기본 요소 2. 왜 해야 하는지 설명한다 : 해야 할 일을 강요하지 말고 아이가 이해할 수 있도록 설명해준다.

  • 기본 요소 3. 스스로 결정하도록 한다 : 몇 가지 선택지를 준비하여 아이 스스로 결정할 수 있도록 한다.

30 — 응석받이형 육아의 그릇된 세 요소인 동감, 대체, 회피 조치에 빠지지 않으려면 아이에게 동감해서는 안 된다.

31 — 과소평가, 비판, 거부는 방임형 육아로 가는 길이다. 아이의 감정을 받아들인 다음, 이성적으로 해야 할 일을 설명하는 게 자율 지원형 육아의 기본이다.

32 — 아이들이 게임에 빠지는 이유는 게임이 마음의 근본 욕구를 충족시켜주기 때문이다.

33 — 금지가 아니라 균형을 강조하는 말투로 바꿔야 한다.

34 — 아이 본인이 해야 할 일, 할 수 있는 일을 제안하거나, 무엇을 하면 균형 잡힌 생활을 할 수 있을지 아이와 함께 생각하자.

35 — 스마트 기기의 적절한 사용을 위한 세 가지 요령

- 팁1. 사용하지 않을 때는 격리한다.
- 팁2. 스마트 기기를 할 수 있는 시간을 지정한다.
- 팁3. 부모가 롤모델이 된다.

36 — 스마트 기기 사용 시간을 효과적으로 줄이는 방법

- 팁1. 2주에 15분씩 줄인다.
- 팁2. 마음의 3대 욕구를 충족시키는 대체물을 마련한다.
- 팁3. 아이가 <u>스스로</u> 생각해서 결정하도록 한다.

4장

정서와 지능을 높이는
과학 육아

아이의 정서를 길러야 하는 진짜 이유

모든 부모가 아이가 어려운 일에 직면해도 긍정적이고 참을성 있게 살아가기를 바랍니다. 지금처럼 앞을 내다볼 수 없는 현대 사회에서는 아무래도 정서가 가장 중요해질 겁니다.

그래서 이 장에서는 아이의 정서를 강화하는 과학적인 접근법에 대해 살펴보겠습니다.

먼저 강조하고 싶은 것은 아이의 정서를 기르는 것이 아이의 지능을 높이는 데 가장 효과적이라는 사실입니다. 이는 지금까지 심리학이나 뇌과학 분야의 다양한 연구를 통해 밝혀졌습니다. 그중에서 미국에서 성행하는 'SEL'은 정서와 학업의 관계를 교육 현장에서 가장 명확하게 보여준 교육법입니다.

SEL은 Social Emotional Learning의 줄임말입니다. 이 교육법은 아이들이 감정을 인식하고 통제하는 방법을 몸에 익혀, 사회성을 배양하는 게 목적입니다. 미국 교육계는 아이들의 사회성 발달을 과학적으로 도와주는 SEL 프로그램 연구 개발을 진행했습니다.

예일대학교 연구가 그 불쏘시개 역할을 했습니다.[1] 학교 커리큘럼에 정서를 지원하는 프로그램을 도입했더니 아이의 정서를 강화할 수 있었을 뿐만 아니라[2] 학업 성적도 크게 오른 것입니다.

예일대학교의 연구를 시작으로 유사한 연구 결과가 현재까지 많이 쌓였습니다. 게다가 이런 효과는 특정 문화에 한정되지 않는다는 사실이 최근 들어 추가로 밝혀졌습니다.[3] SEL 프로그램 투자이익률^{ROI}을 계산해보면 투자 대비 20배에 이를 정도입니다.[4]

한마디로 정서를 길러주는 일은 학력을 높이는 일입

니다! 이 장에서 소개하는 과학적 교육법을 이해하고, 아이의 정서와 지능을 동시에 길러줍시다.

위험한 자기 긍정감 향상법

먼저 아이의 자기 긍정감에 대해 살펴보겠습니다. 시중에 찾아보면 자기 긍정감을 설명하는 책이나 동영상은 넘칠 만큼 많습니다. 하지만 서로 다른 이야기를 주장하는 경우도 흔해서 혼란스럽습니다.

개중에는 그릇된 교육법을 무분별하게 알려주는 내용도 많아서 함부로 따라 하지 않는 게 좋습니다. 경우에 따라서는 아이의 정서에 악영향을 끼칠 수도 있습니다.

여기서는 먼저 흔히 접할 수 있는 위험한 자기 긍정감 향상법을 보여드리겠습니다.

첫 번째는 성공 체험을 통한 자기 긍정감 향상법입니다. 이는 아이에게 '해냈어!'라고 생각할 수 있는 긍정적인 체험을 많이 경험시켜 자기 긍정감을 기르는 방식입니다. 예를 들어 공부나 스포츠, 일상생활, 봉사활동에 어떤 목표를 설정하여 할 수 있는 데까지 지원해줍니다.

해냈을 때는 알기 쉽게 칭찬해주고, 선물이나 용돈을 주기도 합니다. 해냈을 때의 좋은 기억을 의식에 새기는 것이 이 방식의 성공 열쇠입니다. 매우 알기 쉽고 설득력 있는 방법으로 누구나 활용해보고 싶은 방식입니다.

하지만 이처럼 '성공 체험'을 바탕으로 자기 긍정감을 향상하는 방법은 주의가 필요합니다. 왜냐하면 이런 방법은 아이의 성공 체험만 강조한 나머지 지나치게 외발적 보상에 의지하는 경향이 있기 때문입니다.

앞서 언급한 바와 같이, 무언가를 실행한 후에 얻는 '해냈어!'라는 감각은 마음의 3대 욕구 중 하나입니다. 그렇기에 순수한 성취감을 맛보게 해주는 것 자체는 매우 중요합니다. 하지만 그런 성공 체험을 좀 더 강하게 느끼게 하려고 호들갑스럽게 칭찬하거나 용돈이나 선물 등 외발적 보상을 활용하면 아이의 '내발적 의욕'이 꺾이고 맙니다.

그런데 아이러니하게도, 아이는 칭찬이나 용돈 등 외발적 보상을 받으면 실제로 긍정적인 기분이 들고, 그 순간은 자신을 긍정하는 생각이 강해진다고 합니다. 그러나 그것은 함정입니다. 왜냐하면 외발적 보상에 기반을 둔 자기 긍정감은 단기적으로는 강력하나, 장기적으로 의존하면 몸과 마음에 악영향을 미치기 때문입니다. 우울증이나 불안[5], 두통, 어깨 결림 등 신체적 건강을 비롯해 인간관계에도 문제가 발생한다는 보고가 있습니다.[6] 특히 아이에게 외발적 보상은 담배나 술, 약물 등에 의존할 위험을 높인다고 알려졌습니다.[7]

따라서 '성공 체험' 교육법을 도입하겠다면 의식적으로 과한 외발적 보상은 피해야 합니다. 칭찬이나 용돈이 기분을 좋게 하고 자기 긍정감을 일시적으로 향상할 수는 있지만 장기적으로는 몸과 마음이 다칠 수 있습니다. 아이가 '할 수 있어!' '해냈어!'라고 느끼는 감정 이상의 불필요한 보상은 하지 말아야 한다는 사실을 명심해야 합니다.

부정적인 기분을 지우려고
무리하지 말 것

자기 긍정감에 관해서 또 하나 알아야 할 점은, 부정적인 기분을 억지로 억누르거나 잊으려고 애써도 효과가 없다는 사실입니다.

싫은 일이 생기면 잊으려고 시도해보지만 더 신경이 쓰이곤 합니다. 또 그런 기분을 억누르려 할수록 오히려 부정적인 생각이 강해집니다. 결국 부정적인 일은 잊으려고 애쓰면 애쓸수록 더욱 또렷해지고 부정적인 기분이 더 오래 지속됩니다.

부정적인 기분이 오래 지속되면 몸과 마음에 나쁜 영향을 미칩니다.[8] 가령 매번 기분을 억누르는 사람은 각종 질환으로 사망할 위험이 30퍼센트 높아지고, 암에 걸릴 확률도 70퍼센트 올라간다는 놀라운 보고가 있을 정도입니다.[9]

그러므로 부정적인 기분은 억지로 억눌러서는 안 되며, 기분을 아이 스스로 조절할 수 있도록 가르쳐야 합니다.

사람은 부정적인 기분에 빠진 나를 살피고 그 상태를 받아들일 때 비로소 그런 나를 바꿀 수 있습니다. 이와 같은 마음의 본질을 두고, 임상심리학의 역사에서 프로이트와 버금가는 위업을 이룬 칼 로저스는 다음과 같이 말했습니다.

"흥미로운 역설이 있다. 그것은 있는 그대로의 자신을 받아들일 때야 비로소 변할 수 있다는 것이다."[10]

아이가 익혀야 할 자기 긍정감이란

아이가 익혀야 할 자기 긍정감은 칼 로저스의 '있는 그대로의 자신을 받아들인다'는 말에 힌트가 있습니다.

외발적 보상에 의존하는 '성공 체험'에 바탕을 둔 자기 긍정 육아법도 안 되고, 부정적인 기분을 억지로 잊게 만드는 것도 안 된다고요? 그럼 도대체 어떤 자기 긍정감을 키워야 할까요?

한마디로 정리하면, 현실의 자신에 감사하는 마음입니다. 이런 자기 긍정감은 중요한 요소 두 가지를 포함합니다. 그것은 자기 수용$^{Self-acceptance}$과 자기 가치$^{Self-worth}$입니다.

먼저, 첫 번째 요소인 '자기 수용'은 칼 로저스의 '있는 그대로의 자신을 받아들인다'고 표현한 마음 그 자체를 의미합니다.

자기의 긍정적인 면과 부정적인 면을 있는 그대로 받아들이는 자기 수용이 가능한 사람은 정신적으로 안정적이며 행복 지수도 높습니다. 반대로 그렇지 않으면 스트레스에 취약해서 우울증에 빠질 위험이 큽니다.[11] 또한 자기 수용감이 높은 사람이 스트레스 관리 훈련을 하면 정신력 강화 효과가 탁월하고[12], 부상 치료 효과 및 신체 회복 속도가 개선되며[13], 수명이 연장된다[14]는 보고도 있습니다. 즉 자기 수용감이 높으면 몸과 마음에 좋은 영향을 미친다는 것입니다.

아이가 익혀야 할 자기 긍정감의 두 번째 요소는 '자기 가치'입니다. 장단점이 있는 나를 그대로 받아들인 다음, 말 그대로 자기 나름의 가치를 찾아내는 방법입니다.

가령 다음 두 가지 사례는 일상에서 느끼는 자기 가치를 표현한 것입니다.

또 지각하고 말았어. 오늘은 비록 지각했지만 내일부터 힘내자. 우울해도 자신에게 솔직할 수 있는 내가 자랑스러워.

아직 필요한 기술도 몸에 익지 않고, 성적도 나빠. 그렇지만, 미래의 나를 위해 노력하는 나 자신이 대견해.

자기 가치를 느끼지 못하는 사람은 우울증이나 불안증에 빠질 위험이 크고[15] 반대로 자기 가치를 잘 아는 사람은 행복감이 높고 스트레스에도 잘 견디는 것으로 알려졌습니다.[16] 심지어 자기 가치를 잘 느끼는 사람이 학교 성적과 업무 성과도 높다는 연구도 있습니다.[17]

아이가 익혀야 할 자기 긍정감은 '자신의 현실에 감사하는 마음'입니다. 자기 수용과 자기 가치는 아이의 정서에 좋은 영향만 주기 때문입니다.

나르시시즘에 빠지지 않기 위해
조심할 것들

이렇게 자기 긍정감을 설명하다 보면 종종 듣는 질문이

있습니다. 다음과 같은 걱정입니다.

자기 긍정감이 중요한 것은 알겠는데, 너무 지나쳐서 아이가 나르시시스트가 되면 어떡하죠?

안심해도 됩니다. 현대 심리학에서는 나르시시스트와 자존감이 높은 사람은 서로 다르다고 규정합니다.[18] 그 차이를 설명하면 다음과 같습니다.

먼저 나르시시스트는 자신이 타인보다 특별하고 뛰어나다고 느끼며 그에 따른 인정과 존경을 주변에서 얻고자 합니다. 주위의 칭찬이나 지위 등 외발적 보상이 동기부여입니다. 즉 앞서 언급한 '외발적 의욕'에 장기간 노출된다는 위험 부담이 있습니다.

반면 '자기 수용'과 '자기 가치'가 높은 사람은 스스로 자신의 가치를 인정하고 만족합니다. 즉 나르시시스트처럼 외발적 보상을 요구하거나, 타인과의 비교나 우월감으로 인정 욕구를 충족하려고 하지 않습니다.

그래서 실제로 나르시시스트는 '자기 긍정감'이 낮은 편이며, 남들보다 우월하다고 느끼더라도 자기에 대한 만족도는 낮습니다.[19]

또한 나르시시스트는 사람을 깔보고 거만한 태도를

취하기 때문에 인간관계가 원만하지 못합니다. 결국 자신이 원하는 인정 욕구도 얻지 못하고, 결과적으로 정신적으로도 불안정해집니다.

이처럼 '자기 긍정감'과 '나르시시즘'은 전혀 다른 것입니다. 그래서 '자기 긍정감'이 높아지더라도 나르시시스트가 되지는 않습니다. 다만 주의할 점은 '자기 긍정'의 방법입니다.

타인과의 비교로 얻은 우월감이나 주위의 인정에 의지한 외발적 보상으로 얻은 긍정감은 장기적으로 이어지면 몸과 마음에 악영향을 줄 뿐만 아니라 나르시시즘으로 발전할 가능성이 있으니 절대 피해야 합니다.

아이에게 가르칠
최강의 정서 관리법

그럼 이제 아이의 자기 긍정감을 키우는 방법을 소개하겠습니다.

우선 부정적 기분도 잘 받아들이기 위한 방법인 '거리

두기^{distancing}'에 대해 살펴보지요. 거리두기는 자기 기분과 적절한 거리를 두는 방법으로, 최근 심리학 연구에서 주목받는 정서 관리법입니다.

우리의 마음은 한 번 부정적으로 기울기 시작하면 부정적인 방향을 향해 걷잡을 수 없이 치달을 수 있습니다.

예를 들어 가슴 아픈 실연을 겪었다고 합시다. 슬픔이 너무 큰 나머지 나도 모르게 상대와 함께한 추억을 자꾸 곱씹습니다. '이랬다면 어땠을까? 저랬다면 어땠을까?' 하고 부정적인 기분이나 후회에 사로잡혀 지내다 보면 슬픔은 한층 더 커집니다. 그 결과 가슴속 상처가 덧나고 부정적인 기분은 점점 더 강해져 몇날 며칠이 흘러도 헤어나지 못하게 됩니다. 부정적인 사고의 악순환에 빠진 것입니다.

그러다가 어느 순간 문득 정신을 차립니다. '왜 그렇게 끙끙 앓는 거지? 상대도 잘못한 게 많잖아! 앞으로 자신을 갈고닦아 더 좋은 상대를 찾으면 되는 거야.'

이런 가슴 아픈 실연까지는 아니지만 부정적인 감정의 악순환을 겪고 거기에서 '문득 정신을 차리는' 체험은 누구라도 경험할 수 있는 일입니다. 이때 '문득 정신을 차리는' 일이 바로 '거리두기'입니다.

부정적인 감정의 악순환에 빠졌다는 것을 깨닫고, 그 상황에서 자신의 마음을 다른 누군가를 바라보듯이, 문득 정신을 차려 객관적인 시선으로 다시 보는 것입니다. 그렇게 자신의 마음과 적당한 거리를 두면 마음의 부정적인 소용돌이에서 벗어나 건설적인 생각을 하는 계기를 마련할 수 있습니다.

실제로 이러한 거리두기가 감정의 균형 유지나 정서 강화, 나아가서는 냉철한 판단력 및 인간관계 개선으로 이어진다는 사실이 밝혀졌습니다.[20]

부정적인 사고에 빠졌을 때, 무리하게 지우거나 잊으려고 하면 오히려 역효과가 일어난다는 사실은 앞에서 말한 대로입니다. 거리두기를 잘 활용하면 부정적인 자신을 객관적으로 다시 바라볼 수 있어 자기 긍정감에 필요한 '자기 수용'으로까지 이어집니다. 거리두기는 아이에게 가르쳐주고 싶은 최강의 정서 관리법 중 하나입니다.

아이와 함께하는 자기 긍정감 훈련

그럼 어떻게 하면 거리두기를 익힐 수 있을까요?

지금까지의 심리학 연구 결과를 기반으로 손쉽고 효과적인 거리두기 훈련이 다양하게 개발되어 있으며, 성별이나 나이와 관계없이 좋은 성과를 내고 있습니다.[21]

여기서는 부모와 자녀가 함께할 수 있는 형태의 엄선된 훈련을 소개해드리겠습니다. 일주일에 한 번 아이와 5~10분 정도 함께할 수 있는 시간을 만듭니다. 조용하고 편안한 분위기에서 이야기를 나눌 수 있는 시간이 필요합니다. 그리고 아이와 다음 과정에 따라 대화합니다.

먼저 아이에게 "최근에 괴로운 일이 있었어?" "슬펐던 일은?" 등을 묻고 가장 최근에 부정적인 기분에 빠졌을 때의 일을 떠올리게 합니다. 별로 떠오르지 않는다면 "○○했을 때 화났었지?"처럼 부모가 생각나는 사건을 말해줍니다.

그리고 그때의 일을 가능한 한 자세히 이야기해달라고 합니다. 언제, 어디서, 누구와, 무슨 일이 일어났는지, 자신은 어떻게 느꼈는지 등 질문에 대답하는 형태도 좋으니 시간을 들여 이야기해달라고 합니다. 이 과정이 끝나면 아래의 네 가지 시점 중 하나를 선택해, 그 부정적인 사건에 대해 대화를 계속해주세요.

시점 1. 자신을 부른다

아이에게 마음속으로 자기를 이름으로 부르거나, '너'라는 호칭으로 타인에게 말하듯 불러보라고 시킵니다. 그런 후, 부정적인 기분에 빠진 자신에게 "어떤 말을 해줄 거야?" "그런 말을 듣고 무슨 생각이 들어?" 하고 자신에게 어떤 말을 해줄 건지 묻고, 또 그것에 또 다른 나는 어떻게 반응하는지 물어봅니다.

이런 상황을 연출하면 아이가 마음의 소리를 사용해 바깥에서 나 자신과 대화하는 것과 같은 시점을 가질 수 있어 기분과 거리 두는 연습을 할 수 있습니다.

시점 2. 친구에게 말을 거는 상상을 한다

친구가 자신과 같은 부정적인 경험을 하는 상황을 상상하도록 합니다. 그런 다음 "무슨 말을 해줄 거야?" "어떤 조언을 해줄 거야?" 물으며 친구를 돕는 마음으로 지금의 기분에서 거리 두는 연습을 시킵니다.

시점 3. 마음의 타임머신에 오른다

1주일 후, 1개월 후, 1년 후처럼, 부정적인 경험을 겪고 충분히 시간이 흐른 뒤를 떠올려보라고 합니다. "주위의 환경은 어떻게 변했어?" "너는 어떻게 느끼고 있어?" 같은 질문을 던져서 상상의 폭을 넓힐 수 있도록 도와줍니다.

그런 후, 부정적인 기분이었을 때의 본인에게 어떤 말을 해줄 건지 물어봅니다. 머지않은 미래나 과거를 상상하면, 지금 기분에서 거리를 두는 법을 배울 수 있습니다.

시점 4. 벽에 붙은 벌레가 된다

아이에게 벽에 붙은 벌레가 된 상상을 하도록 합니다. 벌레의 시선으로 부정적인 경험 때문에 고민하는 자신의 모습을 묘사하도록 합니다. 벌레는 인간의 생각이나 기분을 알 수 없을지 모릅니다. 아이에게 벽에 붙은 벌레가 되어, 벌레의 시선으로 스스로를 바라보고 "어떻게 느끼고 있는 것 같아?" "왜 그렇게 느끼고 있다고 생각해?" 등을 물어 생각하게 합니다.

이렇게 시점을 활용한 거리두기 연습이 끝나면, 아이에게 이 과정에서 무얼 느꼈는지 이야기해달라고 합니다. 또 뭔가 새로운 배움이나 깨달음은 없었는지, 부정적인 경험에 관한 생각이 바뀌지는 않았는지 물어봅시다.

초등부터 할 수 있는
스탠퍼드식 스트레스 관리법

다른 시점에서 자신의 기분을 바라보는 일은 어린아이에게는 어렵다고 생각하는 분도 있을 것입니다. 물론 시점을 전환하는 대화 기반의 거리두기 훈련은 초등학교 3, 4학년이 될 때까지 기다려야 할 수도 있지만 걱정하지 마세요. 어린아이에게 추천하는 방법도 있습니다.

여기서는 스탠퍼드대학교의 프레드 러스킨 교수가 권하는 'PERT 법'[22]이라는 호흡을 활용한 훈련을 소개하겠습니다. 분노나 스트레스로 마음이 동요하거나 힘든 인간관계로 우울할 때 효과적으로 진정할 수 있습니다. 매우 간단한 방법이며, 나이와 관계없이 스트레스 관리 효과가 뛰어납니다. 꼭 아이와 함께 실천해서 습관으로 자리 잡을 수 있게 도와주세요.

러스킨 교수의 PERT 호흡법

편안한 마음을 가질 수 있는 장소를 찾아 다음 4단계에 따라 호흡합니다. 호흡은 2~3분에 걸쳐 천천히 진행합니다.

1단계 천천히 두 번, 심호흡합니다. 이때 배의 움직임에 의식을 집중합니다. 들이마실 때는 배를 천천히 부풀리고 내뱉을 때는 천천히 마음을 이완합니다.

2단계 세 번째 심호흡을 할 때는 소중한 사람이나 아름다운 자연경관을 마음속으로 떠올립니다. 심장 근처에 자신의 긍정적인 감정이 모인다는 감각을 가져봅니다.

3단계 2단계의 감각을 유지한 채, 몇 번 더 심호흡을 계속합니다. 배의 움직임을 의식하고 부드러운 심호흡이 되도록 유의합니다.

4단계 편안하고 평온한 마음이 느껴지면 고민 해결을 위해 무엇을 할 수 있을지 생각해봅니다.

PERT 호흡법은 정신적으로 동요될 때 실시하면 마음이 진정되는 효과가 있습니다. 또한, 정신적인 동요가 없더라도 정기적으로 실천하면 마음을 진정시키는 효과가 향상되므로 하루에 한 번 자기 전에 아이와 함께 실행하는 습관을 들여봅니다. 아이에게는 화나거나 힘들어서 스트레스가 생기면 해보라고 권유해줍니다.

어릴 때부터 스트레스 관리법을 몸에 익혀두면 각박한 세상을 살아갈 때 큰 도움이 될 것입니다. 아이가 충분히 몸에 익힐 수 있도록 도와주어 어떤 스트레스도 견딜 수 있는 강인한 정서를 가진 아이로 키웁시다.

여기까지 보시고 다음과 같은 의문이 생길지도 모릅니다. 호흡법으로 마음을 편하게 할 수 있다는 것은 알겠는데, 호흡과 거리두기가 무슨 관계가 있나요?

관계가 많습니다! 조금 더 설명해보겠습니다.

부정적 기분의 악순환에 빠졌다면, PERT 호흡법으로 배의 움직임과 호흡이 몸에 들어왔다가 나가는 느낌을 차분히 느껴봅니다. 그렇게 자기 몸의 다른 부분이나 기능에 의식을 집중하면 현재의 부정적인 기분이 아닌 다른 감각으로 시야를 돌릴 수 있습니다. 이를 통해 앞서 언급한 바 있는 '문득 정신 차려 보니'라는 거리두기의 계기를 얻을 수 있습니다.

이처럼 거리두기 효과를 활용해 마음을 진정시키는 방법은 오래전부터 사람들의 습관 속에 자연스럽게 녹아 있었습니다. 긴장하거나 화가 났을 때 한숨을 쉬어보거나 가슴에 손을 올리는 등의 행위가 대표적인 예입니다. 손이나 가슴과 같은 몸의 다른 부분에 주목함으로써 부정적인 기분에 매몰된 내게서 벗어날 수 있는 환경을 만들어주는 것입니다. 한숨을 내쉬거나 가슴에 손을 올리는 습관은 경험에서 비롯된 자연스러운 삶의 지혜지만 심리학적으로도 설명할 수 있는 적절한 스트레스 관리법입니다.

자기 긍정감과 집중력을 향상하는 훈련

지금까지 살펴본 거리두기는 자신과 거리를 두고 내 마

138
4장

음과 대화하기 위한 기술입니다. 그런 의미에서, 자신과 마주하는 마음 챙기기인 '마음챙김mindfulness'과 깊은 관계가 있습니다. 여기에서는 아이를 위한 마음챙김도 소개해둘까 합니다.

마음챙김의 핵심은 지금 느끼거나 생각하는 것에 자신의 의식을 맞추고 감각이나 생각을 조건 없이 그대로 받아들이는 것입니다.[23] 끙끙거리며 복잡하게 생각하거나 좋고 싫음을 판단하는 것도 아닙니다. 자신의 마음이나 몸의 상태를 솔직하게 느끼고 받아들이는 마음 다스리기, 또는 그러한 마음 다스리기를 이끌어내기 위한 명상법 및 호흡법을 '마음챙김'이라고 합니다.

예를 들어 조금 전에 설명한 PERT 호흡법도 마음챙김의 일종입니다. 최근 마음챙김의 중요성이 과학적으로도 주목받고 있습니다.[24] 스트레스가 많은 상황에서도 감정을 조절하는 능력이 향상되어[25] 긍정적 사고를 유지하기 쉽고 삶의 보람과 행복감 상승에도 기여합니다.[26]

물론 자기 긍정감에도 효과가 뛰어납니다.[27] 그리고 마음의 문제나 정신질환의 개선 및 예방에도 효과가 있어 치료 요법[28]이나 심리요법에도 도입되고 있습니다.[29]

그뿐만이 아닙니다. 마음챙김은 두뇌 회전까지 빠르게 합니다. 집중력이 향상[30]되어 학업 성적이 오른다[31]는 보고가 있습니다. 즉 마음챙김은 마음에 좋은 영향을 줄 뿐만 아니라 머리도 좋아지는 긍정적인 효과를 기대할 수 있으므로 아이의 사고력을 키우는 데 안성맞춤인 습관입니다.

이러한 마음챙김의 효과에 주목해 미국에서는 마음챙김 교육 프로그램이 도입됐습니다. 실제로 마음챙김 학교는 미국 내 학교 교육에 마음챙김 보급을 추진해 지금까지 5만 명 이상의 교육자를 양성해서 아이들의 건강에 기여했습니다.[32]

하지만 마음챙김은 다소 진입장벽이 높다고 느낄지도 모릅니다. 어른에게도 쉽지 않은데 과연 아이가 할 수 있을지 의문이 생길 수 있습니다. 그렇기 때문에 우선은 간단한 단계부터 부모와 아이가 함께 실천할 것을 추천합니다. 부모가 먼저 해보고, 쉽다고 생각되는 방법부터 시작해도 상관없습니다. 앞서 언급한 PERT 호흡법은 아이도 비교적 쉽게 할 수 있어 저도 세미나 등에서 자주 소개하고 있습니다.

여기서는 추가로 마음챙김 학교가 추천하는 매우 간단한 마음챙김을 소개하겠습니다.

아이와 함께하는 간단한 마음챙김

잔향이 긴 벨이나 소리굽쇠 등의 도구를 준비합니다. 이어서 다음의 요령으로 아이에게 심호흡을 시킵니다. 매일 1~2분 정도 해봅니다.

- 먼저, 첫 번째 의식. 매번 "자, 마음을 챙길 수 있는 몸을 준비합시다. 조용히 앉아서 눈을 감읍시다"라는 대사로 시작합니다.
- 다음으로 "지금부터 들리는 소리에 의식을 집중합니다. 소리가 완전히 없어질 때까지 집중해서 듣고, 소리가 완전히 사라지면 손을 들어주세요"라고 말합니다.
- 준비한 도구로 소리를 냅니다.
- 아이가 손을 들면, "그럼, 마음챙김을 의식하면서 손을 천천히 배나 가슴에 올립니다. 그리고 자신의 호흡을 느껴봅시다"라고 말합니다.
- 아이가 호흡에 집중할 수 있도록 "마시고 내뱉고"

를 몇 번 반복해 말합니다.

• 마무리로 한 번 더 벨을 울리고 종료합니다.

자기 긍정감을 향상하는
간단한 소통 방법

여전히 호흡법이나 마음챙김이 쉽지 않다는 분이 계실
지도 모르겠습니다. 하지만 안심하세요. 그동안 과학적
으로 효과가 확인된 자기 긍정감 향상법은 다양합니다.
모든 것을 하려고 하지 말고 아이에게 맞는 것을 찾아
할 수 있는 것부터 경험해보는 것이 좋습니다.

손쉬운 자기 긍정감 향상법을 두 가지 더 소개해드리
겠습니다.

먼저 첫 번째로 그날 있었던 '좋은 일 세 가지'를 찾는
훈련법Three Good Things, TGT입니다.

하루를 마감하는 시간에 아이와 '오늘 있었던 좋은 일
세 가지'에 대해 이야기 나누는 시간을 몇 분이라도 만
들어봅시다. 특히 아이가 이불에 들어가 잠들기 전과 같

이 편안한 시간을 추천합니다.

아이가 하나를 이야기하면 부모도 하나씩 말하는 대화 형식이면 아이라도 실천하기 쉽습니다.

아이가 한 가지 좋은 일을 이야기할 때마다 "아, 그거 좋네"라든가 "기뻤겠구나" 하고 아이의 기분을 말로 표현해서 이해하고 있음을 알려줍시다. 다소 부풀린 반응을 보여도 좋습니다. 그런 다음에는 아이가 좋은 일을 찾은 것에 대해 칭찬해줍시다. 그리고 좋은 일을 찾는 것은 그 자체로도 매우 좋은 일이라고 알려줍시다.

그런데 아이가 좋은 일을 찾지 못하면 어떡할까요? "○○는 어땠어?"라든가 "○○는 좋은 일이 아닐까?"처럼 아이가 좋은 일을 찾을 수 있도록 힌트가 되는 질문을 던지면 됩니다.

아이의 기분이 우울하거나 그다지 좋은 하루가 아니었을 때도 TGT를 쉴 필요는 없습니다.

그럴 때는 일상의 지극히 당연한 것, 가령 '밥이 맛있었다' '잘 잤다' 등 일상의 중요함을 깨닫게 해주는 기회로 삼으면 됩니다.

예를 들어 "오늘은 다 같이 저녁을 먹을 수 있었네. 밥이 없거나 누가 빠졌다면 어땠을 거 같아?"하고 질문해서 아이의 반응을 이끌어냅니다.

또 부모와 자녀가 서로 한 명씩 좋은 일을 이야기하는 대화 형식이라면 "아빠는 오늘, 평소처럼 모두가 건강히 학교에 가준 게 기뻤어" "엄마는 오늘도 모두와 밥을 먹을 수 있어서 기뻤어"와 같이 자신이 생각하는 좋은 일을 알려주는 것도 효과적입니다. 그러면 아이도 그것이 좋은 일이 될 수 있다고 생각할 것입니다.

TGT는 최근 수십 년간 인기를 끈 '긍정심리학'의 대표적 방법론 중 하나이며 자기 긍정감 및 긍정적 사고를 갖게 하고, 삶의 보람과 행복감을 향상시킨다는 사실이 입증되었습니다.[33]

일상에서의 소통에 접목하면 손쉽게 시도할 수 있을 것입니다. 우선 자기 전에 부모와 자녀가 함께 TGT를 실천하는 것부터 시작해보면 좋겠습니다.

상냥함의 과학적인 장점

또 하나, 다소 의외일 수 있지만 자기 긍정감을 향상하는 매우 강력한 방법이 있습니다. 그것은 이타적인 행동을 취하는 것입니다. 상대방에게 도움을 주겠다는 마음으로 친절을 베풀면 강력한 자기 긍정감으로 이어집니다.

왜 그럴까요? 중요한 내용이니 자세히 살펴보겠습니다.

자기 긍정감에 관한 심리학 이론에 '사회성 계량기 이론Sociometer Theory'이 있습니다. 문자 그대로 '사회socio'의 '계량기meter'을 의미합니다.

사회성 계량기 이론에 따르면, 자기 긍정감은 자신이 주변 사람에게 얼마나 인정받고 있는지 알 수는 척도입니다. 자신이 주변의 인정을 느끼면 자기 긍정감이 높아지고, 반대로 인정을 덜 느끼면 자기 긍정감이 낮아진다는 것입니다. 이 사회성 계량기 이론을 이해하면 이타적 자세가 왜 자기 긍정감 향상으로 이어지는지 납득할 수 있습니다.

우선 한 가지 말할 수 있는 것은, 상냥함은 주위에서 인정받기 위한 가장 중요한 요소라는 점입니다. 당연한 말이지만 세계 각국의 어떤 문화권이든 '착하고 상대방을 배려하는 마음'을 지닌 사람을 가장 선호합니다.[34]

또 유명하거나 권위가 높은 직업에 종사하는 등 지위에 의지한 인기보다, 상냥한 성격에서 비롯된 인기가 더 좋은 인간관계로 이어진다는 사실도 밝혀졌습니다.[35] 그뿐만 아니라 다른 사람에 대한 배려나 상냥함은 자신의 인간관계에 대한 불안이나 걱정을 해소시키는 데 도움을 준다는 사실도 알려졌습니다.[36]

실제로 주위에서 사랑받고 있는지 아닌지는 관계없다는 의미입니다. 즉 이타적인 자세로 남들을 상냥하게 대하면 주위의 시선 따위는 걱정하지 않아도 된다는 것입니다.

실제로 주위 사람에게 인정받는 사람이 되는 것은 좋은 일입니다. 하지만 자신이 아무리 착한 마음으로 행동해도 주변 사람의 기분까지 통제할 수는 없으니 한계가 있다고 생각할지도 모르겠습니다. 그렇지만 걱정할 필요 없습니다. 사회성 계량기 이론에 따르면, 자기 긍정감은 주변 사람의 마음이 아니라 주변 사람을 생각하는 나의 마음이 중요하기 때문입니다.

이타적인 자세로 주변에 상냥하게 대하면, 그들이 나를 어떻게 보고 있을까 하는 불안한 마음이 사라집니다. 결과적으로 사회적 계량기가 올라갑니다. 즉 자기 긍정감이 향상됩니다.

이타적인 자세가 자기 긍정감을 향상시킨다는 것은 연구로 밝혀진 내용입니다.[37]

이타적인 자세와 행복의 과학

그렇다면 참으로 이타적인 자세를 가지려면 어떻게 해야 할까요? 행복을 과학으로 풀어내는 '행복 과학Science of Happiness'의 선구자 소냐 류보머스키 박사가 고안한 훈련을 소개하겠습니다. '친절 반사'[38]라는 매우 간단한 훈련으로, 아이에게 실제로 친절한 행동을 하도록 한 후 그 행동을 되돌아보게 하는 연습입니다.

이 연습을 하면 이타적 자세가 습관화되어 자기 긍정감[39] 및 행복감[40] 향상을 기대할 수 있습니다. 꼭 아이와 함께 서로 즐기면서 친절 반사 행동을 실천해보시기 바랍니다.

친절 반사 행동 훈련법

먼저 아이와 함께 일주일에 하루 '친절의 날'을 지정합니다. 그리고 그날의 목표를 세웁니다. 목표는 남들을 위한 '친절한 행동' 다섯 가지입니다. 남들을 위해 무슨일을 할지는 대화를 통해 아이가 계획하고, 상황도 상상해보라고 합니다.

마주 오는 사람에게 길을 양보했다, 뒷사람을 위해 문을 열어줬다, 바닥에 떨어진 책을 주워줬다, 기부했다, 집안일을 도왔다 등 아이가 남들에게 도움이 된다고 느끼는 것이라면 무엇이든 상관없습니다. 큰일이든 작은일이든 상관없습니다. 스스로 의식하거나 계획하지 않았지만 뒤돌아보니 친절한 행동이라 느껴졌다면 그것도 좋습니다.

친절의 날이 되면 다섯 가지 친절한 행동을 실천합니다. 그리고 그날 하루를 마무리하면서 다음 지점을 아이와 함께 되돌아봅시다.

- 어떤 친절을 베풀었는가?

- 누구에게 도움이 되었는가?
- 그 행동을 하고 어떤 기분이 들었는가?
- 추가로 상대방에게 도움이 되는 행동에는 무엇이 있는가?

정직한 마음으로 차분히, 구체적으로 자신의 기분을 되돌아보게 해주는 것이 중요합니다. 놀이하듯 몇 개월 간 계속 실천하다보면 이타적 자세가 습관화되어 아이의 자기 긍정감 향상으로도 이어질 것입니다. 꼭 이 훈련을 실천해서 아이가 높은 자기 긍정감을 가지고 살아갈 수 있도록 도웁시다.

친절한 사람의 행복감이 높은 이유

이타적인 자세는 자기 긍정감을 높이는 효과도 있지만 행복감을 높이는 효과도 있습니다. 남에게 친절을 베풀었더니 내가 행복해졌다는 이야기는 어찌 보면 참 신기한 일입니다. 행복해지는 쪽은 친절을 받은 쪽이고, 친절을 베푼 쪽은 그저 자기만족에서 비롯된 자기 긍정감이 향상되는 정도가 아닐까요?

이런 의문은 앞서 언급한 '마음의 3대 욕구'로 설명할 수 있습니다. 마음의 3대 욕구는 관계성, 유능감, 자율성이라고 말씀드렸습니다. 욕구가 충족되면 우리의 마음도 채워집니다.[41]

남들에게 상냥하거나 친절한 행동을 취하는 것은 마음의 3대 욕구를 충족시키는 데 매우 효과적이고 적합합니다.

먼저 상대방을 위해 무언가를 하는 것이므로 당연히 상대방과의 연결이 필수이며 이 속에서 관계성을 느낄 수 있습니다. 또 상대방을 배려하는 과정에서 유능감도 느낍니다. 상대를 도울 수 있다는 감각도 마찬가지입니다. 마지막으로, 누가 시켜서 하는 것이 아니며 스스로 친절한 행동을 베푸는 것이므로 자율성도 느낄 수 있습니다.

이처럼 이타적인 자세로 남에게 친절한 행동을 하면 자기 긍정감과 행복감이 단번에 상승하는 이유는 인간이 가진 근본적인 욕구가 충족되기 때문입니다. 말하자면, 인간의 DNA에는 자기 긍정감이나 행복감을 충족하

려고 이타적인 자세를 촉구하는 힘이 새겨져 있다고 할
수 있습니다. 이러한 아이의 잠재력을 친절 반사 행동을
활용해서 활성화하고 자기 긍정감과 행복감을 향상하는
데 도움을 줍시다.

4장
요약

---

37 — 아이의 정서가 좋아지면 지능도 향상된다.

38 — 아이의 성공 체험을 강화하려고 외발적 보상을 주어서는 안 된다.

39 — 외발적 보상에 근거한 자기 긍정감은 단기적으로는 강하지만, 장기적으로는 악영향을 준다.

40 — 부정적인 기분을 억지로 억누르거나 잊으려고 하는 것은 역효과를 부른다.

41 — 익혀야 할 자기 긍정감은 '현실의 자신에 감사하는 마음'이다. 왜냐하면 자기 수용과 자기 가치는 아이의 정서에 좋은 영향만 주기 때문이다.

42 — 자기 긍정감을 높여도 아이는 나르시시스트가 되지 않는다.

43 — 마음과 적당한 거리두기를 하면 부정적인 기분의 악순환에서 벗어날 수 있다.

44 — PERT 호흡법은 하루에 한 번씩 자기 전에 아이와 함께한다.

45 — 마음챙김의 핵심은 지금 느끼거나 생각하는 것에 의식을 맞추고 감각이나 생각을 조건 없이 그대로 받아들이는 것이다.

46 — 마음챙김은 마음에 좋은 영향을 줄 뿐 아니라 두뇌 회전까지 빠르게 한다.

47 — TGT란 '좋은 일 세 가지^{Three Good Things}'의 약자로, 자기 전에 아이와 '오늘 있었던 좋은 일 세 가지'에 대해 이야기를 나누는 자기 긍정감 향상법이다.

48 — 이타적인 자세로 주변에 상냥하게 대하면 주위 시선에 대한 불안감이 사라지고 자기 긍정감이 향상된다.

49 — '친절의 날'을 지정해 아이와 함께 다섯 가지 친절한 행동을 실천한다.

50 — 친절한 행동이 자기 긍정감과 행복감을 상승시키는 이유는, 이타적 행동이 인간이 가진 근본적 욕구를 충족시키기 때문이다.

5장

육아가 힘든
과학적 이유와 대처법

육아 스트레스를 체크해보자

이 책의 마지막 장에서는 육아를 담당하는 부모에게 초점을 맞춰보겠습니다. 우선 다음 항목에 가장 적합하다고 생각하는 대답을 골라주세요.

　모든 항목을 체크했다면, 체크한 숫자를 더해주세요. 18항목이 있으며 각 항목당 1~5점이므로 모두 더하면 최소 18점, 최대 90점이 됩니다.

육아 스트레스 진단표

1. 부모로서 자신의 역할에 행복을 느낀다.
① 그렇다　　② 다소 그렇다　　③ 잘 모르겠다
④ 별로 그렇지 않다　　⑤ 그렇지 않다

2. 아이를 위해서라면 뭐든지 할 수 있다.
① 그렇다　　② 다소 그렇다　　③ 잘 모르겠다
④ 별로 그렇지 않다　　⑤ 그렇지 않다

3. 종종 필요 이상으로 아이에게 시간과 노력을 쏟는다고 느낀다.
① 그렇다　　② 다소 그렇다　　③ 잘 모르겠다
④ 별로 그렇지 않다　　⑤ 그렇지 않다

4. 가끔 아이에게 최선을 다하는지 의심이 든다.
① 그렇다　　② 다소 그렇다　　③ 잘 모르겠다
④ 별로 그렇지 않다　　⑤ 그렇지 않다

5. 아이와 친밀하다고 생각한다.
① 그렇다　　② 다소 그렇다　　③ 잘 모르겠다
④ 별로 그렇지 않다　　⑤ 그렇지 않다

6. 아이와 지내는 시간이 즐겁다.
① 그렇다　　② 다소 그렇다　　③ 잘 모르겠다
④ 별로 그렇지 않다　　⑤ 그렇지 않다

7. 아이는 내 애정의 원천이다.

① 그렇다　　② 다소 그렇다　　③ 잘 모르겠다
④ 별로 그렇지 않다　　⑤ 그렇지 않다

8. 아이의 존재로 밝은 미래를 기대할 수 있다.

① 그렇다　　② 다소 그렇다　　③ 잘 모르겠다
④ 별로 그렇지 않다　　⑤ 그렇지 않다

9. 내 생활의 주요 스트레스 원인은 아이다.

① 그렇다　　② 다소 그렇다　　③ 잘 모르겠다
④ 별로 그렇지 않다　　⑤ 그렇지 않다

10. 아이가 있어서 내 인생에 시간과 여유가 부족하다.

① 그렇다　　② 다소 그렇다　　③ 잘 모르겠다
④ 별로 그렇지 않다　　⑤ 그렇지 않다

11. 아이가 있어서 경제적으로 부담이다.

① 그렇다　　② 다소 그렇다　　③ 잘 모르겠다
④ 별로 그렇지 않다　　⑤ 그렇지 않다

12. 아이가 있어서 해야 할 일에 균형을 맞추지 못한다.

① 그렇다　　② 다소 그렇다　　③ 잘 모르겠다
④ 별로 그렇지 않다　　⑤ 그렇지 않다

13. 아이의 행동이 부끄럽고, 스트레스로 느낄 때가 종종 있다.

① 그렇다　　② 다소 그렇다　　③ 잘 모르겠다
④ 별로 그렇지 않다　　⑤ 그렇지 않다

14. 다시 태어난다면 아이를 갖지 않는 선택을 할지도 모르겠다.

① 그렇다　② 다소 그렇다　③ 잘 모르겠다
④ 별로 그렇지 않다　⑤ 그렇지 않다

15. 부모로서 책임감에 짓눌려 있다.

① 그렇다　② 다소 그렇다　③ 잘 모르겠다
④ 별로 그렇지 않다　⑤ 그렇지 않다

16. 아이가 있으면 내 자유가 제한된다.

① 그렇다　② 다소 그렇다　③ 잘 모르겠다
④ 별로 그렇지 않다　⑤ 그렇지 않다

17. 부모로서 만족한다.

① 그렇다　② 다소 그렇다　③ 잘 모르겠다
④ 별로 그렇지 않다　⑤ 그렇지 않다

18. 아이는 즐거운 존재다.

① 그렇다　② 다소 그렇다　③ 잘 모르겠다
④ 별로 그렇지 않다　⑤ 그렇지 않다

이는 널리 사용되는 '육아 스트레스 진단표' 중 하나입니다.[1] 전체를 합한 수치가 90에 가까울수록 육아 스트레스가 높은 상태입니다. 예를 들어, ④나 ⑤를 선택한 항목이 많다면 특히 주의가 필요하고, 반대로 18~30점 정도라면 비교적 스트레스가 낮은 편이라고 할 수 있습니다. 각자 처한 상황이 다 다르기 때문에 일률적으로 단정할 수는 없지만, 전체를 더한 수가 40점 이상이면 육아 스트레스가 쌓인 상태라고 볼 수 있습니다.

부모의 스트레스가 자녀에게 미치는 영향

육아가 부모에게 미치는 영향은 매우 복잡합니다. 그렇지만 한편으로는 아이의 성장이나 부모로서의 역할이 인생에 보람을 안겨주어 행복감이 고양되고, 올바른 정신 상태를 유지하게 해준다는 것이 지금까지 다양한 연구를 통해서 밝혀졌습니다.[2]

그럼에도 부모의 육아 스트레스는 전 세계적으로 매우 높아지고 있습니다. 예를 들어 미국[3] 및 일본[4] 부모들 대부분이 육아에 스트레스를 느낍니다. 육아에 지쳐 삶의 의욕이 사라진 '육아 번아웃증후군'[5]이라는 말이 생겼을 정도입니다.

육아 스트레스는 부모의 몸과 마음에 큰 부담을 줍니다. 그뿐만이 아닙니다. 육아 스트레스는 부모뿐 아니라 아이에게도 좋지 않은 영향을 미칩니다. 부모가 육아 스트레스에 노출되어 있으면, 초초한 마음으로 아이를 대할 가능성이 높고[6], 부정적인 말을 하기 쉽습니다.[7]

또한 혼내거나 강제하는 등 통제형 육아로 이어질 가능성 또한 높습니다.

반대로 육아 스트레스가 적은 부모의 아이는 사회성과 관련된 문제가 적고, 자기 표현력이 향상되며[8] 성적도 우수하고[9] 수입이나 삶의 보람[10] 등에도 좋은 영향을 준다는 사실이 밝혀졌다.

오늘날 육아가 고통스러운 과학적인 이유

"육아 스트레스를 안고 지내면 안 된다는 것은 알고 있어요. 하지만 육아에 스트레스를 느끼고 있는 것도 현실이에요. 내가 약한 탓인가? 하고 한심하다는 생각이 들어 부모로서 미안해요…."

결코 그렇게 생각하지 마세요! 오늘날의 육아는 누구나 스트레스를 느낄 수밖에 없는 구조 속에 있기 때문입니다.

우선 부모에게 매우 높은 기대를 강요합니다. 바쁘게 일하면서 육아를 병행하고, 이것저것 챙겨야 할 것도 많습니다. 뭔가 문제가 생기면 부모의 방식이 잘못이라는 비난을 피할 수 없습니다. 부모로서 할 수 있는 모든 것을 하고 있지만, 아이에게 정말 필요한 것을 충분히 해주고 있는 것인지 항상 불안합니다. 조부모에게 이런저런 잔소리를 듣기도 하고, 남들은 다 육아를 잘하고 있는 것처럼 보이기도 합니다.

오늘날의 부모는 현실적으로 이런 부담을 느끼지 않을 수 없습니다. 핵가족화로 육아가 한 가족이나 한 부모에게 가중되기 때문입니다. 얼마 전까지만 해도 할아버지, 할머니, 삼촌, 숙모, 그리고 지인과 가족의 도움을 받는 등 육아가 공동체 안에서 이루어졌습니다.

실제로 인간의 진화 역사를 살펴봐도 인류는 공동체 육아를 영위할 수 있었기 때문에 냉혹한 자연도태에서 살아남을 수 있었습니다. 즉 인간의 DNA는 독박 육아

를 하게끔 되어 있지 않다는 것입니다.[11]

아이는 우리들 한 사람 한 사람, 가족, 학교는 물론이고 지역사회나 공동체, 그리고 사회 전체의 학습 환경 속에서 배우고 자랍니다. 아이의 배움과 성장을 지켜보는 일은 특정 사람에게만 책임 지울 수 없으며, 독점해야 하는 것도 아닙니다.

그러므로 이제는 부모로서 자신이 할 수 있는 책무를 충분히 완수한다는 것을 전제로, 공동체적 지원이 있는 육아 환경 만들기에도 관심을 가져야 합니다. 가령 지인 네트워크를 활용해서 지역 활동에 참가하여 폭넓은 연령대의 사람들과 접촉해 지원의 기회를 만드는 것도 방법입니다. 또는 스포츠나 취미활동, 그리고 학원 등, 다양한 학습 환경을 조성해줄 수도 있습니다. 이러한 활동이 다른 반이나 다른 학교, 다른 학군에 사는 아이들과 접촉할 기회가 됩니다.

다양한 접촉의 기회를 주는 것 못지않게 아이가 아늑함을 느낄 수 있는 '홈베이스'의 존재도 매우 중요합니다. 여러 공동체에 소속되어 홈베이스가 다양하다는 것은 아이를 심리적으로 안전하게 키울 수 있는 안전망이

됩니다. 한 그룹에서 문제가 생기면 다른 그룹의 친구에게 상담하거나 조언을 얻어 해결의 실마리를 얻을 수 있습니다. 혼자서 떠안지 말고 주변 사람이나 공동체에 도움을 얻으면 육아가 수월해집니다.

육아 스트레스를 유발하는 구조

육아가 힘든 이유는 부모에게 가해지는 압박 때문만이 아닙니다. 태생적으로 인간의 뇌와 마음이 육아를 힘들게 느낄 수밖에 없는 구조라는 이유도 작용합니다.

아이의 발달 과정은 매우 다양하고 다채롭습니다. 학교생활이나 다른 아이들과의 관계를 통해 내 아이의 강점을 확인할 수 있지만, 반대의 경우도 생깁니다.

그런데 안타깝게도 인간의 마음은 부정적인 점이 더크게 보이는 법입니다.[12] 이를 '부정성 편향negativity bias'이라고 합니다. 즉 인간의 마음은 좋은 일이나 행복한 일보다는 힘들거나 싫은 부정적인 감정에 초점을 맞추려는 경향이 강합니다. 너무나 즐거웠던 생일 축하 자리도 식당 종업원의 퉁명스러운 말 한마디로 최악의 기억으로 남기도 합니다.

이런 감정의 작용은 마음속 부정성 편향에서 비롯됩니다. 부정성 편향 때문에 아이의 약점이 도드라져 보이는 줄도 모르고, 이런 상황에 직면한 부모는 자신의 아이를 도우려고 나섭니다. 하지만 아이가 당면한 어려운 과제에 부모가 도움을 준다 해도 좀처럼 해결의 실마리를 찾을 수 없는 경우가 많습니다.

그도 그럴 것이 1장에서 살펴본 것처럼 아이의 변화는 서서히 진행되기 때문입니다. 아이의 뇌 속에서는 변화가 착실히 일어나고 있지만, 행동으로 바로 드러나지 않습니다. 부모는 들인 노력에 비해 결과가 없는 것처럼 보이기 때문에 초조하기만 하지요. 결과적으로 육아 스트레스와 괴로움은 배가 되고요.

아이들의 다양성, 부정성 편향, 그리고 천천히 발달하는 아이의 뇌. 육아 스트레스는 이러한 인간의 마음과 뇌의 구조로 인해 생기는 것이기도 합니다.

육아 중인 부모에게 필요한 세 가지

그렇다면 육아 스트레스를 어떻게 받아들이면 좋을까요? 여기서는 이 중대한 문제에 대해 차분히 살펴보도록 하겠습니다.

먼저, 육아 스트레스를 인지하는 것이 중요합니다. 육아 스트레스를 느낀다고 해서 '내가 약해서 그래' '내가 한심해서 그래'라고 생각해서는 안 됩니다.

앞서 언급한 것처럼 현대 사회의 육아는 힘들어서 스트레스를 피할 수 없습니다. 또한 우리의 마음은 아이의 나쁜 점에 먼저 초점을 맞추고, 아이는 아주 천천히 발달합니다.

그러니 자신을 탓할 것이 아니라, 육아 스트레스는 누구나 느낄 수 있다는 사실을 상기합시다. 육아할 때 느끼는 불안과 짜증의 감정은 많은 사람이 경험하는 자연스러운 감정이라는 관점으로 육아 스트레스를 바라봐야 할 것입니다.

다음으로, 동료를 찾아봅시다. 자신과 마찬가지로 육아 스트레스를 느끼는 사람은 세상에 많습니다. 그중에서 같은 고민이나 걱정을 공유할 수 있는 동료가 생기면 육아 스트레스를 이겨내는 활력소가 됩니다. 일단 독박 육아, 아이의 마음이나 건강상의 문제, 경제적인 문제, 주위의 압박, 불안한 미래 등 자신이 어떤 이유로 육아 스트레스를 받고 있는지 돌아봅시다. 그런 후에 육아 고민을 공유할 수 있는 SNS 모임이나, 지역 부모 모임 등이 있다면 참가해봅시다.

마지막으로, 내 기분과 마주하기 위한 스트레스 관리 기술을 익힙시다. 기분대로 흔들리면 올바른 육아를 할 수 없습니다. 그래서 먼저 내 마음을 소중히 다룰 줄 알아야 합니다.

그러기 위해서 4장에서 살펴본 정서 강화법을 자신에게도 활용해봅시다. 자신의 기분과 거리를 두는 거리두기, 마음을 진정시키는 PERT 호흡법, TGT와 친절 반사 행동. 이 기법들은 성인에게도 효과가 확인되었습니다. 아이와 함께 실천하면서 자신의 마음 다스리기에도 신경을 쓰도록 합시다.

개선되지 않은 상황은 성장의 기회

평소에 마음을 다스리려 해도 육아 고민은 끝이 없습니다. 아이가 말을 듣지 않고 나쁜 모습을 보이면, 인간인 이상 사실상 화를 내지 않고서는 못 배길 때도 많습니다.

이제 하버드대학교가 운영하는 특별 지원 학교의 의료장을 맡고 있는 미치 애블렛 박사가 권하는 부모가 가져야 할 마음가짐[13]에 대해 살펴보겠습니다.

친구를 때리는 '나쁜 모습', 정해진 시간에 게임을 그만두지 '못하는 모습', 숙제를 하지 않아 몇 번 주의를 주어도 좀처럼 '개선되지 않는 모습' 등 아이의 잘못된 모습을 지금 아이가 성장의 필요성에 직면한 신호라고 인식해보면 어떨까요?

아이의 잘못된 모습은 아이가 무엇을 배워야 하고, 또 어떻게 성장하고 개선해야 할지 알려주는 힌트이자 기회인 것입니다. 1장에서도 살펴본 바와 같이 아이의 감정 통제나 의사결정 능력은 10대 중반까지 성장합니다. 해야 한다고 알고 있어도 생각처럼 되지 않고 그만 발끈해서, 해서는 안 될 말을 하고 마는 것은 아이가 아이라는 증거입니다. 가령 유치원생에게 나눗셈을 못한다고 엄하게 질책하는 선생님이 있다면, 우리는 할 수 있을 리 없는 나눗셈을 하지 못한다고 아이를 혼내서는 안 된다고 생각할 것입니다.

어른의 시선에는 잘못된 모습으로 비칠지 몰라도, 아이 입장에서는 나름대로 개선을 위해 성장 중인 단계에 있다는 점을 상기합시다.

'해야 한다'에 매몰되면 안 된다

그리고 육아 스트레스가 종종 '이래야 한다'는 부모 입장을 우선시하는 방향으로 발전하는 경우도 많은데 이 또한 주의합시다.

"아이의 성적이 마음처럼 오르지 않아서 걱정이에요. 숙제 좀 하라고 아무리 다그쳐도 건성이에요. 너무 짜증 납니다!"

이처럼 아이의 성적으로 생기는 스트레스도 사실은 아이의 성적이 '이래야 한다'는 부모의 생각이 원인입니다. 부모의 생각이 아이에게 현실적인 목표가 아니면, 아이는 그 목표를 달성하지 못할 뿐만 아니라 부모의 계속되는 압박으로 스트레스만 쌓이는 악순환에 빠집니다.

"우리 아이는 맨날 늦잠이라 걱정이에요. 혼자서는 절대 일어나지 못해요. 몇 번이고 주의를 줘도 뭘 하는지 늦은 밤까지 자지 않아요. 그래서 아침 컨디션이 엉망이죠. 정말 짜증 나요!"

이 경우도 마찬가지로 '스스로 일어나야 한다', 즉 '이래야 한다'에서 비롯된 스트레스입니다.

아이 입장에서는 깊이 자지 못하는 환경이거나 아침이 힘든 체질일지도 모릅니다. 이러한 아이의 나쁜 모습, 못하는 모습, 개선되지 않는 모습은 성장하는 아이에게는 당연한 모습입니다. 아이가 열등하다거나 문제가 있다는 등의 결론을 내려서는 안 됩니다.

단순히 아이에 대한 부모의 기대가 아이의 성장 단계

나 처지에 맞지 않아서 생긴 일일 수 있습니다. 부모의 고정된 생각에 문제는 없는지 되돌아보고, 아이의 요구에 유연하게 대응하는 마음가짐을 지녀보면 어떨까요?

아이에게 맞는 육아법 찾기

지금의 학습법이나 생활 습관이 아이에게 맞지 않다면 새로운 방법을 찾는 등 아이의 요구를 우선하는 육아로 전환해야 합니다. 성적이 오르지 않는다면 지금의 교재나 학습법을 바꿔봅시다. 일찍 일어나기가 어렵다면 자기 전의 습관을 바꾸거나 아침 루틴 등도 재검토해야 할 것입니다. 아무리 올바르더라도 아이에게 적합하지 않은 방법을 강요하면 역효과가 납니다. 결과적으로 아이와의 사이에서 불필요한 마찰이 생길 수밖에 없습니다.

그렇다면 학습법이나 습관을 바꿀 때 아이에게 맞는지 아닌지를 어떻게 판단할 수 있을까요?

우선은 차분히 아이의 모습을 지켜볼 필요가 있습니다. 새로운 방법을 접한 아이가 처음에는 당황하거나 불안한 반응을 보일 겁니다. 익숙해지는 데 다소 시간이 걸릴지도 모릅니다. 아이의 초기 반응이 나쁘더라도 미리 걱정할 필요는 없습니다.

또한 바로 결과가 나오지 않더라도 아이를 다그치지 말고, 앞에서 언급한 바와 같이 아이의 뇌는 아주 서서히 변한다는 사실을 명심합시다. 새로운 방식에 익숙해지도록 천천히 시간을 들여 아이를 지원하겠다고 마음을 먹으세요.

습관을 바꾸는 데는 2개월 정도가 필요합니다. 그사이에 조금씩이라도 긍정적인 변화가 나타나거나 아이가 적극적으로 대처하고 있다면 새로운 방식에 적응 중이라는 신호일지 모릅니다. 반면에, 변화의 조짐이 전혀 보이지 않고 아이의 의욕도 저조하다면 아이에게 맞는 습관이라고 판단하기 어려울 것입니다.

아이의 변화를 깨닫는 요령

아이에게 맞는지 안 맞는지는 흑백논리처럼 쉽게 판단

할 수 있는 것이 아닙니다. 어느 쪽도 아닌 회색 지대에 놓인 상황도 종종 있습니다. 그런 만큼 변화 여부는 부지런히 평가해보는 것이 매우 중요합니다.

앞서 언급한 바와 같이, 매일의 변화가 있다 해도 아주 느리고 조금씩 변하기 때문에 좀처럼 알아차릴 수 없습니다. 몇 주나 몇 개월의 단위로 살펴보면 의미 있는 변화가 보일지도 모릅니다. 하지만 매일 육아에 쫓기면서 변화를 깨닫기란 꽤 어려운 일입니다.

그래서 새로운 습관의 적합성을 판단하는 데 효과적인 방법으로 매일매일 기록하는 것을 추천합니다. 새로운 습관에 아이가 어떻게 반응했는지, 자신은 어떻게 느꼈는지 등을 적어두면 눈에 보이지 않는 일상의 느린 변화가 장기간에 걸쳐 어떤 큰 변화로 이어지는지 실감할 수 있습니다. 매일 꾸준히 성장하는 아이의 모습도 볼 수 있어 육아의 보람으로도 이어집니다.

새로운 습관, 매일 육아 일기

하루의 마지막에 다음 항목에 따라 육아 일기를 작성합니다. 5~10분 정도면 작성할 수 있는 간단한 메모도 괜찮습니다.

- 오늘 아이의 모습은 어땠나? 새로운 습관에 잘 적응하고 있는가?
- 아이의 기분은 어땠나?
- 어제와 비교해서 달라진 모습은?
- 나의 기분은 어땠나?
- 내일을 위해 개선할 점은? 있다면 어떻게 하는 것이 좋을까?

1, 2주마다 일기를 재검토하고, 아이 변화나 내 기분 변화의 추이를 살펴봅시다.

고작 일기라고 하찮게 생각하면 큰코다칩니다. 일기 쓰기journaling는 오랫동안 활용되어온 심리 요법 중 하나입니다.[14] 최근에는 마음의 건강을 유지하는 데 매우 중요한 형태로 주목받고 있으며 그 효과도 뇌과학적으로 입증되었습니다.[15] 예를 들어 뇌의 작업 기억이 활성화되고,[16] 수면의 질이 향상된다는 사실이 확인되었습니다.[17]

일기는 '마음의 건강을 지켜주는 만능 장비'입니다. 아이의 몸과 마음의 변화뿐만 아니라 부모의 마음을 다독이며 끈기 있게 육아를 이어가게 도와줍니다.

일기 쓰는 것이 다소 어려운 분이라면 우선은 몇 줄 정도 간단히 작성하는 것부터 시작해봅시다. 몇 주만 해보면 아이가 어떻게 변하고 있는지, 또 내 기분이 어떻게 달라지고 있는지 추이를 관찰할 수 있어, 그 효과를 실감할 수 있습니다.

5장
요약

---

51 — 육아 스트레스는 전 세계적으로 매우 높아지고 있다.

52 — 현대 사회에서 부모의 양육 압박이 커지고 있지만, 인간의
DNA는 독박 육아를 할 수 없는 구조다.

53 — 아이들의 다양성과 부정성 편향, 그리고 천천히 발달하는
아이의 뇌 등, 마음과 뇌의 구조로 볼 때 육아 스트레스는
자연스러운 일이다.

54 — 육아 스트레스의 인지, 동료 찾기, 내 기분과 마주하기 위한
스트레스 관리 기술을 익히는 것이 중요하다.

55 — 아이의 나쁜 모습, 못하는 모습, 개선되지 않는 모습은 성장
하는 아이에게는 당연한 모습이다. 아이가 열등하다거나 문
제가 있다고 결론을 내려서는 안 된다. 물론 부모 자신도 나
쁘지 않다.

56 — 일단 부모의 '이래야 한다'는 생각에 문제는 없는지 되돌아
보고, 아이의 요구에 유연하게 대응하는 마음가짐을 갖자.

57 — 습관을 바꾼 후 2개월 정도는 인내심이 필요하다.

마치며

뇌의 성장, 호기심 키우는 법, 자율성의 힘, 정서 관리법부터 부모의 마음가짐까지, 과학 육아의 노하우를 응축해서 담은 이 책을 읽고, 우리 아이에게 적합한 내용을 추려서 바로 할 수 있는 부분부터 조금씩 실천하시기 바랍니다. 단번에 다 하려고 애쓰거나 조급해하지 마시고 꾸준히 실천하신다면 반드시 길이 열릴 것입니다.

이 책이 동시대를 살아가는 부모님들의 육아 고민을 조금이나마 덜어드린다면 더할 나위 없는 기쁨이겠습니다.

철없는 아들을 참을성 있게 지켜봐주신 부모님께
호시 도모히로

여는 글

1. M.D.R. Evans, P. Kelley and J. Kelley (2017), Identifying the Best Times for cognitive Functioning Using New Methods: Matching University Times to Undergraduate Chronotypes. Frontiers in Human Neuroscience, 11; p.188.

1장

1. D.J. Siegel & T.P. Bryson (2011), The Whole-Brain Child: 12 Revolutionary Strategies to Nurture Your Child's Developing Mind. Bantam Books: New York.

2. https://developingchild.harvard.edu/guide/what-is-early-childhood-development-a-guide-to-the-science/

3. C.A. Nelson (2000), The Neurobiological Bases of Early Intervention. In J.P. Shonkoff & S.J. Meisels (Eds.), Handbook of Early Childhood Intervention (2nd ed., pp.204-228). Cambridge University Press: Cambridge.

4. H.H. Suzana (2012), The remarkable, yet not extraordinary,

human brain as a scaled-up primate brain and its associated cost PNAS, 109(1); pp.10661-10668.

5. C.W. Kuzawa, et al (2014), Metabolic costs and evolutionary Implications of Human Brain Development. PNAS, 111(36); pp.13010-13015.

6. National Scientific Council on the Developing Child (2010), Persistent Fear and Anxiety Can Affect Young Children's SB Creative Corp. Learning and Development: Working Paper No.9. Retrieved from https://developingchild.harvard.edu/

7. F. Persistent and C. Anxiety Affect Young Children's Learning and Development (2010), Working Paper No.9. National Scientific Council on the Developing Child. Retrieved from https://developingchild.harvard.edu/

8. https://developingchild.harvard.edu/science/deep-dives/neglect/

9. https://developingchild.harvard.edu/science/key-concepts/serve-and-return/

10. National Scientific Council on the Developing Child (2015), Supportive Relationships and Active Skill-Building Strengthen the Foundations of Resilience: Working Paper No.13. Retrieved from https://developingchild.harvard.edu/

11. B.L. Finlay (2009), Brain Evolution: Developmental Constraints and Relative Developmental Growth. In Larry R. Squire (Eds.), Encyclopedia of Neuroscience (pp.337-345). Academic Press: USA.

12. R.I.M. Dunbar (1992), Neocortex size as a constraint on group

size in primates. Journal of Human Evolution, volume 22(6);
469-493.

13. A. Clarke, M. Sorgenfrei, J. Mulcahy, P. Davie, C. Friedrich
    & T. McBride (2021), Adolescent mental health: A systematic
    review on the effectiveness of school-based interventions.
    Early Intervention Foundation.

14. R.D. Taylor, E. Oberle, J.A. Durlak, & R.P. Weissberg (2017),
    Promoting Positive Youth Development Through School-
    Based Social and Emotional Learning Interventions: a Meta-
    Analysis of Follow-Up Effects. Child Development, 88;
    pp.1156-1171.

15. C. Kalb (2017), What Makes a Genius? National Geographic,
    May.

16. J.S. Moser, H.S. Schroder, C. Heeter, T.P. Moran & Y - H. Lee
    (2011), Mind your errors: Evidence for a Neural Mechanism
    Linking Growth Mind-Set to Adaptive Posterror Adjustments.
    In Psychological Science,22-12; pp.1484-1489.

17. R.A. Rescorla & A.R. Wagner (1972), A Theory of Pavlovian
    Conditioning: Variations in the Effectiveness of Reinforcement
    and Nonreinforcement. In A.H. Black & W.F. Prokasy (Eds.),
    Classical Conditioning II: Current Research and Theory,
    pp.64-99, New York: Appleton- Century-Crofts.

18. M. Pessiglione, B. Seymour, G. Flandin, R.J. Dolan & C.D.
    Frith (2006), Dopamine-dependent prediction errors underpin
    reward-seeking behaviour in humans, Nature, 442(7106);
    pp.1042-1045.

19. J. Boaler, J.A. Dieckmann, T. LaMar, M. Leshin, M.E. Selbach–Allen & G. Perez–Nunez (2021), The Transformative Impact of a Mathematical Mindset Experience Taught at Scale. In Frontiers in Education; p.784393.

20. J. Boaler (2019), Limitless Mind: Learn, Lead, and Live Without Barriers, HarperCollins Publishers: New York.

21. 『マインドセット「やればできる！」の研究』 キャロル・S・ドゥエック 著, 今西康子 訳, 草思社, 2016年

2장

1. R.M. Ryan & E.L. Deci Self-Determination Theory: Basic Psychological Needs in Motivation, Development, and Wellness. The Guilford Press: New York, 2017.

2. I. Clark & G. Dumas (2015), Toward a neural basis for peer-interaction: what makes peer-learning tick? :Frontiers in Psychology, volum6. from https://doi.org/10.3389/fpsyg.2015.00028/

3. S. Dehaene (2020), How We Learn: Why Brains Learn Better Than Any Machine . . . for Now, Viking: USA.

4. K. Murayama, K. Izuma, R. Aoki & K. Matsumoto (2016),Your Choice Motivates You in the Brain: The Emergence of Autonomy Neuroscience Recent Developments in Neuroscience Research on Human Motivation, Vol.19; pp.95-125, Emerald Group Publishing Limited, Bingley.

5. E.L Deci (1971), EFFECTS OF EXTERNALLY MEDIATED REWARDS ON INTRINSIC MOTIVATION. Journal of Personality and Social Psychology, 18(1); pp.105-115.

6. T. Kasser & R.M. Ryan (1993), A Dark Side of the American Dream: Correlates of Financial Success as a Central Life Aspiration, Journal of Personality and Social Psychology, 65(2); pp.410-422.

7. T. Kasser & R.M. Ryan (1996), Further Examining the American Dream: Differential Correlates of Intrinsic and Extrinsic Goals, Personality and Social Psychology Bulletin, 22(3); pp.280-287.

8. G.C. Williams, E.M. Cox, V. Hedberg & E.L. Deci (2000), Extrinsic Life Goals and Health-Risk Behaviors in Adolescents, Journal of Applied Social Psychology, 30(8); pp.1756-1771.

9. T. Kasser & R.M. Ryan (2001), Be careful what you wish for: Optimal functioning and the relative attainment of intrinsic and extrinsic goals. In P. Schmuck & K.M. Sheldon (Eds.), Life Goals and Well-Being: Towards a positive psychology of human striving, Hogrefe & Huber Publishers, pp.116-131.

10. J. Henderlong & M.R. Lepper (2002), The Effects of Praise on Children's Intrinsic Motivation: A Review and Synthesis, Psychological Bulletin, 128(5); pp.774-795.

11. S.J Spencer, C.M. Steele & D.M. Quinn (1999), Stereotype Threat and Women's Math Performance, Journal of Experimental Social Psychology, 35(1); pp.4-28.

12. J. Boaler (2019), Limitless Mind: Learn, Lead, and Live Without Barriers. HarperCollins Publishers: New York.

3장

1. M. Ryan, E.L. Deci, W.S. Grolnick & J.G. La Guardia (2015), The Significance of Autonomy and Autono my Support. In Developmental Psychopathology (eds. D. Cicchetti & D.J. Cohen)

2. J.J. Wood, B.D. McLeod, M. Sigman, W-C. Hwang & B.C. Chu (2003), Parenting and childhood anxiety: theory, empirical findings, and future directions. Journal of Child Psychology and Psychiatry, 44; pp.134-151.

3. B.K. Barber (1996), Parental pychological control: revisiting a neglected construct. Child Development, 67(6); pp.3296-3319.

4. B. Soenens, Vansteenkiste M., Vandereycken W., Luyten P., E. Sierens & L. Goossens (2008), Perceived Parental Psychological Control and Eating-Disordered Symptoms: Maladaptive Perfectionism as a Possible Intervening Variable. Journal of Nervous and Mental Disorder, 196(2); pp.144-152.

5. R.A. Fabes, S.A. Leonard, K. Kupanoff & C.L. Martin (2001), Parental coping with Children's Negative Emotions: Relations with Children's Emotional and Social Responding. Child Development, 72; pp.907-920.

6. P. Prinzie, van der C.M. Sluis, A.D. de Haan, M. Dekovi (2010), The mediational role of parenting on the longitudinal relation between child personality and externalizing behavior. Journal of Personality, 78(4); pp.1301-1323.

7. G.A. Mageau, F. Ranger, M. Joussemet, R. Koestner, E. Moreau & J. Forest, (2015), Validation of the Perceived Parental

Autonomy Support Scale (P-PASS). Canadian Journal of Behavioural Science / Revue canadienne des sciences du comportement, 47(3); pp.251-262.

8. Y.L. Ferguson, T. Kasser & S. Jahng (2011), Differences in Life Satisfaction and School Satisfaction Among Adolescents From Three Nations: The Role of Perceived Autonomy Support, Journal of Research on Adolescence, 21(3); pp.649-661.

9. M. Gagné (2003), The Role of Autonomy Support and Auto-nomy Orientation in Prosocial Behavior Engagement, Motivation and Emotion, 27(3); pp.199-223.

10. G.A. Mageau, F. Ranger, M. Joussemet, R. Koestner, E. Moreau & J. Forest (2015), Validation of the Perceived Parental Autonomy Support Scale (P-PASS), Canadian Journal of Behavioural Science, 47(3); pp.251-262.

11. B. Soenens & M. Vansteenkiste (2005), Antecedents and Outcomes of Self-Determination in 3 Life Domains: The Role of Parents and Teachers Autonomy Support, Journal of Youth Adolescence, 34(6); pp.589-604.

12. A.C. Vasquez, E.A. Patall, C.J. Fong, A.S. Corrigan & L. Pine (2015), Parent Autonomy Support, Academic Achievement, and Psychosocial Functioning: A Meta-analysis of Research, Educational Psychology Review.

13. K.D. Annear & G.C.R. Yates (2010), Restrictive and Supportive Parenting: Effects on Children's School Affect and Emotional Responses. The Australian Educational Researcher, 37(1); pp.63-82.

14. A.C. Vasquez, E.A. Patall, C.J. Fong et al (2016), Parent Autonomy Support, Academic Achievement, and Psychosocial Functioning: A Meta-analysis of Research. Educational Psychology Review, 28; pp.605-644.

15. V. Fisoun, G. Floros, K. Siomos, D. Geroukalis & K. Navridis (2012), Internet Addiction as an Important Predictor in Early Detection of Adolescent Drug Use Experience-Implications for Research and Practice, Journal of Addiction Medicine, 6(1); pp.77-84.

16. S.M. Coyne, L.A. Stockdale, W. Warburton, D.A. Gentile, C. Yang & B.M. Merrill (2020), Pathological video game symptoms from adolescence to emerging adulthood: A 6-year longitudinal study of trajectories, predictors, and outcomes, Developmental Psychology, 56(7); pp.1385-1396.

17. R.M. Ryan, C.S. Rigby & A. Przybylski (2006), The Motivational Pull of Video Games: A Self-Determination Theory Approach, Motivation and Emotion, 30(4); pp.344-360.

18. V. Rideout & M.B. Robb (2021), The Common Sense Census: Media Use by Tweens and Teens 2021, Common Sense Media, San Francisco.

19. L.D. Rosen, L.M. Carrier & N.A. Cheever (2013), Facebook and texting made me do it: Media-induced task-switching while studying, Computers in Human Behavior, 29(3); pp.948-958.

20. F. Sana, T. Weston & N.J. Cepeda (2013), Laptop multitasking hinders classroom learning for both users and nearby peers, Computers & Education, 6; pp.24-31.

21. J.H. Kuznekoff, S. Munz & S. Titsworth (2015), Mobile Phones in the Classroom: Examining the Effects of Texting, Twitter, and Message Content on Student Learning, Communication Education, 64(3); pp.344-365.

22. 『脳科学が明かした！結果の出る最強の勉強法』, 星 友啓著, 光文社, 2021年

23. A.F. Ward, K. Duke, A. Gneezy & M.W. Bos (2017), Braind Drain: The Mere Presence of One's Own Smartphone Reduces Available Cognitive Capacity, Journal of the Association for Consumer Research, 2(2); pp.140-154.

24. L.D. Rosen, A.F. Lim, L.M. Carrier & N.A. Cheever (2011), An Empirical Examination of the Educational Impact of Text Message-Induced Task Switching in the Classroom: Educational Implications and Strategies to Enhance Learning, Psicología Educativa, 17(2); pp.163-177.

25. A. Gazzaley & L.D. Rosen, The Distracted Mind: Ancient Brains in a High-Tech World, The MIT Press, 2017.

4장

1. J.P. Comer (1988), Educating Poor Minority Children, Scientific American, 259(5); pp.42-49.

2. A. Clarke, M. Sorgenfrei, J. Mulcahy, P. Davie, C. Friedrich & T. McBride (2021) Adolescent mental health: A systematic review on the effectiveness of school-based interventions. Early Intervention Foundation.

3. R.D. Taylor, E. Oberle, J.A. Durlak, & R.P. Weissberg (2017),

Promoting Positive Youth Development Through School-Based Social and Emotional Learning Interventions: A Meta-Analysis of Follow-Up Effects. Child Development, 88; 1156-1171.

4. C. Belfield, A.B. Bowden, A. Klapp, H. Levin, R. Shand & S. Zander (2015), The Economic Value of Social and Emotional Learning, Journal of Benefit-Cost Analysis, 6(3); pp.508-544.

5. M. Kasser T & R.M. Ryan (1993), A dark side of the American dream: Correlates of financial success as a central life aspiration. Journal of Personality and Social Psychology, 65(2); 10-422.

6. T. Kasser & R.M. Ryan (1996), Further Examining the American Dream: Differential Correlates of Intrinsic and Extrinsic Goals. Personality and Social Psychology Bulletin, 22(3); pp.280-287.

7. G.C. Williams, E.M. Cox, V. Hedberg & E.L. Deci (2000) Extrinsic life goals and health risk behaviors in adolescents. Journal of Applied Social Psychology, 30; pp.1756-1771.

8. Brackett, Permission to Feel: Unlocking the Power of Emotions to Help Our Kids, Ourselves, and Our Society Thrive, Celadon Books, New York, 2019.

9. B.P. Chapman, K. Fiscella, I. Kawachi, P. Duberstein & P. Muennig (2013), Emotion suppression and mortality risk over a 12-year follow-up, Journal of Psychosomatic Research, 75(4); pp.381-385, from https://www.ncbi.nlm.nih.gov/pmc/articles/PMC3939772/

10. C.R. Rogers, On Becoming a Person: A Therapist's View of

Psychotherapy, Houghton Mifflin Company, Boston New York, 1995.

11. C. Vasile (2013), An evaluation of self-acceptance in adults, Procedia - Social and Behavioral Sciences, 78; pp.605-609, from https://www.researchgate.net/publication/255728710_ An Evaluation of Self-acceptance in Adults/

12. M.A. Rodriguez, X.W. Wei Xu & X. Liu (2015), Self-Acceptance Mediates the Relationship Between Mindfulness and Perceived Stress, Psychological Reports, 116(2); pp.513-522, from https://pubmed.ncbi.nlm.nih.gov/25730749/

13. M.M. Daley, K. Griffith, M.D. Milewski and M.A. Christino (2021). The mental side of the Injured Athlete. Journal of American Academy of Orthopaedic Su.

14. R. Ng, H.G. Allore & B.R. Levy (2020), Self-Acceptance and Interdependence promote Longevity: Evidence From a 20-year Prospective Cohort study. International Journal of Environmental Research and Public Health..

15. American Psychiatric Association, Diagnostic and Statistical Manual of Mental Disorders (5th ed.) American Psychiatric Publishing, Washington DC, 2013.

16. R.F. Baumeister, J.D. Campbell, J.I. Krueger & K.D. Vohs (2003), Does High Self-Esteem Cause Better Performance, Interpersonal Success, Happiness, or Healthier Lifestyles?, Psychological Science, 4(1); pp.1-44.

17. C.H. Jordan, V. Zeigler-Hill & J.J. Cameron (2017), Self-Esteem. In Zeigler-Hill V & Shackelford T (Eds.) Encyclopedia

of Personality and Individual Differences. Springer:Cham.

18. E. Brummelman, S. Thomaes & C. Sedikides(2016), Separating Narcissism From Self-Esteem, Current Directionsin Psychological Science, 25(1); pp.8-13, from https://journals.sagepub.com/doi/10.1177/0963721415619737/

19. W.K. Campbell, E.A. Rudich & C. Sedikides (2002), Narcissism, Self-Esteem, and the Positivity of Self-Views: Two Portraits of Self-Love, Personality and Social Psychology Bulletin, 28(3); pp.358-368.

20. E. Kross & O. Ayduk (2017), Self-Distancing: Theory, Research, and Current Directions, Advances in Experimental Social Psychology, 55; pp.81-136.

21. E. Kross (2021), Chatter: The Voice in Our Head, Why It Matters, and How to Harness It, Crown: New York.

22. L. Frederic (2003), Forgive for Good: A Proven Prescription for Health and Happiness.

23. S.R. Bishop, M. Lau, S. Shapiro, L. Carlson, N.D. Anderson, J. Carmody, Z.V. Segal, S. Abbey, M. Speca, D. Velting & G. Devins (2004), Mindfulness: A Proposed Operational Definition, Clinical Psychology: Science and Practice, 11(3); pp.230-241. doi:10.1093/clipsy/bph077/

24. S.L. Keng, M.J. Smoski & C. Robins (2011), Effects of Mindfulness on Psychological Health: A Review of Empirical Studies, Clinical Psychology Review, 31(6); pp.1041-1056.

25. C.A. Pepping, P.J. Davis & A. O'Donovan (2013), Individual differences in attachment and dispositional mindfulness:

The mediating role of emotion regulation. Personality and Individual Differences, 54(3); pp.453-456.

26. K.W. Brown & R.M. Ryan (2003), The Benefits of Being Present: Mindfulness and Its Role in Psychological Well-Being, Journal of Personality and Social Psychology, 84(4); pp.822-848.

27. C.A. Pepping, A. O'Donovan & P.J. Davis, Analise (2013), The positive effects of mindfulness on self-esteem, The Journal of Positive Psychology, 8(5); pp.376-386.

28. Z. Segal, M. Williams & J. Teasdale, Mindfulness-Based Cognitive Therapy for Depression, Guilford Press, New York, 2002.

29. A. Chiesa & A. Serretti (2009), Mindfulness-based stress reduction for stress management in healthy people: a review and metaanalysis, The Journal of Alternative and Complementary Medicine, 15(5); pp.593-600.

30. P. Sedlmeier, J. Eberth, M. Schwarz, D. Zimmermann, F. Haarig, S. Jaeger S & S. Kunze (2012), The Psychological Effects of Meditation: A Meta-Analysis, Psychological Bulletin, 138(6); pp.1139-1171.

31. A.P. Jha, J. Krompinger & M.J. Baime (2007), Mindfulness training modifies subsystems of attention, Cognitive, Affective, & Behavioral Neuroscience, 7(2); pp.109-119.

32. https://www.mindfulschools.org/about/

33. M.E.P. Seligman, T.A. Steen, N. Park & C. Peterson (2005), Positive Psychology Progress: Empirical Validation of

Interventions, American Psychologist, 60(5); pp.410-421.

34. D.M. Buss, et al. (1990), International Preferences in Selecting Mates: A Study of 37 Cultures, Journal of Cross-Cultural Psychology, 21(1); pp.5-47.

35. 『POPULAR「人気」の法則』, ミッチ・プリンスタイン著, 茂木健一郎訳・解説, 三笠書房, 2018年

36. J.L. Trew & L.E. Alden (2015), Kindness reduces avoidance goals in socially anxious individuals, Motivation and Emotion, 39; pp.892-907, from https://doi.org/10.1007/s11031-015-9499-5/

37. X. Fu, L.M. Padilla-Walker & M.N. Brown (2017), Longitudinal relations between adolescents' self-esteem and prosocial behavior toward strangers, friends and family, Journal of Adolescence, 57(1); pp.90-98.

38. 『スタンフォード式生き抜く力』, 星 友啓著, ダイヤモンド社, 2020年

39. S. Fu X, L.M. Padilla-Walker, M.N. Brown (2017), Longitudinal relations between adolescents' self-esteem and prosocial behavior toward strangers, friends and family, Journal of Adolescence, 57; pp.90-98.

40. Lyubomirsky (2008), The How of Happiness: A New Approach to Getting the Life You Want, Penguin Press, USA.

41. R.M. Ryan & E.L. Deci (2017), Self-Determination Theory: Basic psychological needs in motivation, development, and wellness. The Guilford Press: USA.

5장

1. J.O. Berry & W.H. Jones (1995), The Parental Stress Scale: Initial Psychometric Evidence, Journal of Social and Personal Relationships, 12(3); pp.463-472.

2. S.K. Nelson, K. Kushlev & S. Lyubomirsky (2014), The Pains and Pleasures of Parenting: When, Why, and How Is Parenthood Associated With More or Less Well-Being?, Psychological Bulletin, 140(3); pp.846-895.

3. E.L. Adams, D. Smith, L.J. Caccavale & M.K. Bean (2021), Parents Are Stressed! Patterns of Parent Stress Across COVID-19, Frontiers in Psychiatry, 12.

4. 『子育て中のママのストレスに関する調査』, 株式会社ワコール・ベビカム株式会社, 2020年

5. I. Roskam, M.E. Raes & M. Mikolajczak (2017), Exhausted Parents: Development and Preliminary Validation of the Parental Burnout Inventory. Frontiers in Psychology, 8.

6. J.E. Dumas (1986), Indirect influence of maternal social contacts on mother-child interactions: A setting event analysis, Journal of Abnormal Child Psychology, 14; pp.205-216.

7. J. Belsky, K. Crnic & S. Woodworth (1995), Personality and Parenting: Exploring the Mediating Role of Transient Mood and Daily Hassles, Journal of Personality, 63(4); pp.905-929.

8. E.M. Berger & C.K. Spiess (2011), Maternal Life Satisfaction and Childoutcomes: Are They Related?, Journal of Economic Psychology, 32(1); pp.142-158.

9. E.M. Pomerantz, E.A. Moorman & S.D. Litwack (2007), The

How, Whom, and Why of Parents' Involvement in Children's Academic Lives: More Is Not Always Better, Review of Educational Research, 77(3); pp.373-410.

10. E. Flouri (2004), Subjective Well-Being in Midlife: The Role of Involvement of and Closeness to Parents in Childhood, Journal of Happiness Studies, 5; pp.335-358.

11. N. Raihani (2021), What can ants and meerkats teach us about parenting? Evolutionary biologist Nichola Raihani uncovers the ancient social instincts that still shape our families today, BBC, Family Tree, from https://www.bbc.com/future/article/20211102-stressed-by-parenting-evolution-explains-why.

12. T.A. Ito, J.F. Larsen, N.K. Smith & J.T. Cacioppo (1998), Negative Information Weighs More Heavily on the Brain: The negativity bias in evaluative categorizations, Journal of Personality and Social Psychology, 75(4); pp.887-900.

13. M. Abblett (2021), Prizeworthy: How to Meaningfully connect, Build Character and Unlock the Potential of Every Child. Shambhala Publications: USA.

14. J.W. Pennebaker (1997),Writing about Emotional Experiences as a Therapeutic Process, Psychological Science, 8(3); pp.162-166.

15. M.D. Lieberman, N.I. Eisenberger, M.J. Crockett, S.M. Tom, J.H. Pfeifer & B.M. Way (2007), Putting Feelings Into Words, Psychological Science, 18(5); pp.421-428.

16. H.S. Schroder, T.P. Moran & J.S. Moser (2018), The effect of

expressive writing on the error ⁃related negativity among individuals with chronic worry, Psychophysiology, 55(2); pp.1-11.

17. M.K. Scullin, M.L. Krueger, H.K. Ballard, N. Pruett & D.L. Bliwise (2018), The effects of bedtime writing on difficulty falling asleep: A polysomnographic study comparing to-do lists and completed activity lists, Journal of Experimental Psychology: General, 147(1); pp.139-146.

KI신서 11958

육아 효능감을 높이는 과학 육아 57

1판 1쇄 인쇄 2024년 6월 19일
1판 1쇄 발행 2024년 6월 26일

지은이 호시 도모히로
옮긴이 신찬
펴낸이 김영곤
펴낸곳 ㈜북이십일 21세기북스

J-CON팀 이사 정지은 **팀장** 박지석
해외기획실 최연순
출판마케팅영업본부장 한충희
마케팅1팀 남정한 한경화 김신우 강효원
출판영업팀 최명열 김다운 권채영 김도연
제작팀 이영민 권경민

출판등록 2000년 5월 6일 저1406-2003-061호
주소 (10881) 경기도 파주시 회동길 201 (문발동)
대표전화 031-955-2100 **팩스** 031-955-2151 **이메일** book21@book21.co.kr

㈜북이십일 경계를 허무는 콘텐츠 리더

21세기북스 채널에서 도서 정보와 다양한 영상자료, 이벤트를 만나세요!
페이스북 facebook.com/jiinpill21   포스트 post.naver.com/21c_editors
인스타그램 instagram.com/jiinpill21   홈페이지 www.book21.com
유튜브 youtube.com/book21pub

서울대 가지 않아도 들을 수 있는 **명강의!** 〈서가명강〉
'서가명강'에서는 〈서가명강〉과 〈인생명강〉을 함께 만날 수 있습니다.
유튜브, 네이버, 팟캐스트에서 '서가명강'을 검색해보세요!

ⓒ 호시 도모히로, 2023
ISBN 979-11-7117-636-6 03370

★★★ '엄마의 말·잘·법'을 읽은 육아 전문가들의 추천! ★★★

부모는 사랑하는 마음으로 말을 전했지만 아이가 그걸 사랑으로 받지 못했다면, 그 사랑은 도착하지 못한 것이다. 하지만 같은 말도 생생하게 전해지도록 말해주면 아이가 느끼는 기분이 확 달라지며 아름다운 장면을 만들 수 있다. 이 책에는 부모의 사소한 한마디를 통해 아이 삶의 유의미한 변화를 이끌 내용이 가득하다.

— **김종원 작가**(인문 교육 멘토, 『부모의 말』 저자)

『엄마의 말잘법』에서는 자녀의 가능성을 짓밟는 말과 성장을 돕는 말을 비교해서 어떻게 말해야 하는지 상세히 알려준다. 자녀를 바른길로 이끌고 싶지만 어떤 말을 해야 할지 몰라 고민하는 부모님이라면 이 책에서 그 답을 찾아보자. 구체적이고 현실적인 대화의 예시가 가득해 많은 도움을 줄 거라 확신한다.

— **오연경 박사**(유튜브 채널 '육아메이트 미오' 운영자)

잔소리 육아에서 벗어나는
엄마의 말·잘·법

쓰보타 노부타카 | 김지연 옮김 | 212쪽 | 18,000원

21세기북스

★★★ 〈SBS스페셜〉 '퇴사하겠습니다'의 주인공 ★★★

★★★ 〈차달남〉의 글로벌 짠테크 1인자 ★★★

★★★ 일본 아마존 화제의 도서 ★★★

살림지옥 해방일지

집안일에 인생을 다 쓰기 전에 시작하는 미니멀라이프

이나가키 에미코 | 박재현 옮김 | 268쪽 | 18,000원

21세기북스